Mon guide POUR ALLER MIEUX toute seule comme une grande

Sylvie Pichon-Maquelle
Chantal Duvault-Tavernier

Mon guide POUR ALLER MIEUX toute seule comme une grande

prat éditions

Préambules

PARCE QUE C'ÉTAIT ELLE, PARCE QUE C'ÉTAIT MOI…

Le 23 décembre 2010, ma vie a heurté un érable. Ma motoneige venait de franchir un fossé de 4 mètres pour éviter trois chauffards, lancés à toute allure au fin fond d'une forêt québécoise. Parmi mes multiples fractures, celle d'une vertèbre a bien failli me faire perdre l'usage de mes jambes et changer mon existence à jamais. Mais ce jour-là, une bonne étoile devait se balader dans les bois… Au bout d'un tunnel de plusieurs mois, je reprenais une vie normale, ou presque.

Car on sort rarement indemne d'un tel chaos, dans son corps comme dans sa tête. Nos repères sont tellement brouillés, tout ce qui faisait notre être est tellement chahuté que, tel un puzzle, on se reconstitue petit à petit, parfois avec quelques pièces manquantes…

Durant les deux ans qui ont suivi l'accident, cette période où l'on vous dit souvent que ce qui n'a pas été récupéré ne le sera plus jamais, je suis passée de moments d'euphorie en périodes d'abattement total… tant ce corps qui reprenait vie me ballottait en permanence entre l'espoir et le doute.

C'est dans une période de déprime où rien ne marchait comme je l'espérais, épuisée physiquement et moralement par des mois d'efforts incessants, que, sur les conseils d'une amie, j'ai rencontré Chantal.

S'en sortir « toute seule comme une grande » impose donc, bien évidemment, d'avoir été auparavant guidée, portée, encouragée, soutenue. ”

Très vite, par son écoute, ses paroles et ses gestes apaisants, elle a su me redonner le calme qui me faisait tant défaut. Elle avait géré l'urgence, j'allais déjà mieux… Mais je n'étais pas pour autant à l'abri d'une rechute.

Progressivement, elle a su m'amener à l'idée que, si je voulais m'en sortir et passer à autre chose, j'avais un deuil à faire : celui de ma vie d'avant. Je devais accepter de renaître différente, de faire équipe avec ce corps un peu cabossé plutôt que de vouloir à tout prix le forcer à redevenir ce qu'il avait été.

Le jour où j'ai compris – et surtout accepté – cela, j'ai remporté l'une de mes plus grandes batailles. Rien de ce qui m'était arrivé n'était effacé, nous n'avions pas refait l'histoire, aucun miracle ne s'était produit : Chantal avait « juste » réussi à changer mon regard sur cet épisode de ma vie.

Le propos de ce livre résulte donc de ce lent apprentissage et de l'amitié réciproque qui s'est progressivement installée entre nous.

Rapidement, il nous a paru intéressant de réunir nos points de vue de thérapeute et de « patiente », pour ainsi démontrer que notre perception des êtres, des événements de notre vie, les émotions qui en découlent peuvent être déterminants pour notre bien-être physique et moral.

S'en sortir « toute seule comme une grande » impose donc, bien évidemment, d'avoir été auparavant guidée, portée, encouragée, soutenue par des êtres qui m'ont aidée dans ce processus. Pour que je puisse arriver jusqu'à Chantal, de nombreuses personnes ont formé une chaîne sans laquelle je ne me serais pas relevée. Mille mercis à elles d'avoir été là…

Lucie, ma petite fée du Sacré-Cœur de Montréal, qui a tant veillé sur mes nuits d'angoisse.

Dorothée, « ma sorcière bien-aimée », dont l'écoute et l'ouverture d'esprit me sont si chères.

Sébastien, mon colistier des miraculés de la vie, qui me répare régulièrement et avec qui je partage aujourd'hui les sentiments de ceux qui se demandent encore pourquoi tout cela est arrivé.

Anne, la reine des oranges pressées, gorgées d'amitié.

Dominique, qui sait si bien apaiser par son regard et ses mots pleins de bienveillance.

Ma Laurette, si proche, même à 6 000 km de distance.

Ma bande antranaise des blouses blanches, toujours là pour me tenir debout contre vents et marées.

Les clans de La Forge et des Robineaux, si précieux, si présents.

Guillaume, qui m'a donné la volonté de redevenir une maman « comme avant ».

Et enfin **Alain**, qui n'a jamais douté, et dont l'amour m'encourage à garder toujours confiance en demain…

| Sylvie Pichon-Maquelle

AIMER : UN MOT À VIVRE… OU PAS

Depuis toujours, je connais ma mission : elle est d'aider les malades. Une vocation. Tout naturellement, j'ai donc été aide-soignante pendant de nombreuses années dans différents services des hôpitaux et cliniques du Châtelleraudais… Une expérience très formatrice et enrichissante, faite d'échanges, de compréhension et d'attention pour l'Autre.

Mais, après dix-sept années d'exercice et d'observation de mon univers, des questions continuaient à se poser, dont une en particulier : pourquoi la médecine conventionnelle ne prend-elle pas en compte la personne dans sa globalité ?

J'ai donc commencé par moi ! Rencontre avec l'homéopathie – très bénéfique –, puis avec la naturopathie, dès 1992. Dès lors, mon existence a pris un tournant : hygiène de vie, diététique, oligothérapie, phytothérapie… j'ai tout revu ! Depuis, je mange bio et je privilégie la qualité sur la quantité.

J'ai ensuite visité mes émotions grâce aux fleurs du Dr Bach… J'ai suivi une formation dans ce domaine, en 1993, à Bordeaux, et je me rends compte du mieux-être qu'elles procurent de jour en jour.
Et j'ai enfin appris les mots « Prendre soin de soi ».

Porté par ces premières découvertes, mon parcours a ensuite été jalonné de rencontres et de riches enseignements avec des thérapeutes comme Carrolle Isabel à Québec, qui a été l'élève de Lise Boubeau, auteure de *Écoute ton corps* et de bien d'autres ouvrages.

La même année, j'ai exploré la bio-énergie par le biais d'une formation au collège de Naturopathie rénovée d'André Lafond, à Rochefort.

Merci à Christophe Canneau, qui m'a appris le mot « Énergie », dans toute sa dimension.

En 2000, je reçois une initiation en reiki, grâce à Michel Houttecken, un merveilleux cadeau pour lequel j'ai appris le mot « Merci ». ”

Forte de tous ces enseignements, je n'ai plus eu qu'un but : ouvrir mon cabinet afin d'aider les autres… différemment.

C'est ce que je fais depuis 1998. Là, je me rends compte de l'impact que peuvent avoir toutes ces méthodes, tous ces apprentissages sur des êtres en souffrance.

En 2000, je reçois une initiation en reiki, grâce à Michel Houttecken, un merveilleux cadeau pour lequel j'ai appris le mot « Merci ».

Merci à Carrolle : grâce à elle, en 2002, j'ai appris le mot « Aimer ».

Depuis 2010, j'intègre enfin l'EFT (Technique de libération émotionnelle) dans mes consultations. Grâce à ces moments forts, j'ai appris à « Exprimer pour ne plus imprimer ».

Voici le merveilleux chemin accompli depuis plus de vingt ans, jalonné d'expériences, de rencontres, d'entraide, d'amour, de respect et de liberté d'être.

Et puis, un jour, Sylvie a poussé ma porte : elle avait beaucoup souffert dans son corps comme dans son esprit après

Je ne me substitue à aucun médecin, je me positionne juste comme une personne riche d'expériences et de sensibilité... ”

son terrible accident. Je l'ai écoutée et l'ai aidée à accepter d'habiter un corps « différent ».

Petit à petit, nous sommes devenues des amies... Un jour, je lui ai parlé d'un rêve que j'aimerais réaliser : celui d'écrire, pour transmettre mes expériences et mes conseils. Aujourd'hui, le rêve se concrétise.

Merci à toi, Sylvie, d'avoir été mon maillon fort.

J'aide les personnes qui viennent me consulter à porter un autre regard sur ce qu'ils vivent dans leur corps, leur cœur, ou sur des situations difficiles. Mais je les préviens d'entrée que je ne suis pas la fée Clochette et encore moins qu'ils sont à la cour des Miracles.

Je ne me substitue à aucun médecin, je me positionne juste comme une personne riche d'expériences et de sensibilité, susceptible de compléter, de soutenir un traitement de médecine classique.

Le chemin que je leur propose est celui de l'expérimentation... Je les guide vers une démarche d'ouverture et d'accompagnement, pour retrouver la paix dans tous les domaines de leur vie. Les autres ne changent pas, pas plus que les situations.

J'essaie juste d'inciter les gens que je rencontre à ne plus regarder le grillage du jardin en mauvais état, mais à admirer plutôt les belles fleurs, juste à côté.

Merci donc à mes consultants de m'accorder leur confiance, en me livrant leurs souffrances, et bravo à eux de réussir à en faire une force.

Merci à mon ex-mari d'avoir été mon compagnon de route pendant vingt-cinq ans et un révélateur de mes blessures non cicatrisées.

Merci à mes enfants Aymmery et Émilie, Élodie et Stéphane, Pierre et Delphine, et à mes petits-enfants, par ordre d'apparition : Enoha, Zoé, Malou, Margaux, qui remplissent mon cœur.

Merci à Dominique, mon cher et tendre amour, de faire partie de ma vie : il dit ce que je pense et je pense ce qu'il dit. Tous deux, nous avons prononcé : « Je veux être aimé(e). »

Aimer n'est pas un simple verbe : c'est un mot à vivre… ou pas.

| Chantal Duvault-Tavernier

Introduction

Au début, on n'y prend pas garde : une fatigue persistante, un petit coup de blues qui dure, des insomnies ou des migraines à répétition, une crise de larmes par-ci, par-là, un mal de dos, une allergie ou un eczéma qui surviennent un jour, sans raison… Ça n'est pas grave, ça va passer, on verra plus tard…

Et si notre corps était juste en train de nous dire « Assez ! » ? ”

Erreur ! Et si notre corps était juste en train de nous dire « Assez ! » ? Face à de multiples et incessantes agressions (pollution, excès d'alcool, de tabac ou de médicaments, malbouffe, mais aussi colère, stress, frustration, rancœur, jalousie, manque d'assurance ou de communication), notre organisme et notre esprit doivent lutter en permanence, jusqu'à devoir nous lancer des signaux d'alarme que nous acceptons de percevoir parfois trop tardivement pour faire machine arrière…
Dans les cas les plus extrêmes, la dépression, le burn-out ou le cancer ont déjà fait leur nid.

Raison de plus pour ne pas négliger ces premiers messages et adopter sans tarder quelques principes qui vont nous aider à nous libérer de ces modes de vie ou de pensée destructeurs…

En avant, les filles, nous voilà parties pour un lifting corps et esprit, qui va nous faire une vie aussi douce qu'une peau de velours ! Vive les énergies positives, les pensées qui font avancer et la confiance en soi retrouvée !

Sommaire

« Un chemin de mille lieues commence toujours par un premier pas. »

— Lao Tseu

CHAPITRE 1

UN GRAND MÉNAGE… POUR FAIRE PLACE NETTE

On ne fait pas du neuf avec du vieux… C'est la raison pour laquelle il va falloir se déshabituer du mauvais, pour accueillir le bon dans les meilleures conditions et lui laisser toute la place qu'il mérite !

Autant vous l'annoncer tout de suite : ça ne sera pas facile ! Il n'a jamais été aisé de se défaire d'habitudes ancrées en nous depuis des années. Mais cette « mue » est nécessaire si l'on veut repartir de zéro.

De fait, un grand ménage s'impose… non seulement pour y voir plus clair, mais aussi pour pouvoir se remplir d'une énergie nouvelle grâce à l'air que nous allons insuffler dans le magma de nos petits et grands tracas.

→ JE FAIS LE TRI DANS MES PROBLÈMES… ET L'HORIZON S'ÉCLAIRCIT

De la même manière que l'on vide régulièrement son armoire, afin de sélectionner ce qu'il convient de garder ou d'éliminer, il va être nécessaire de trier les problèmes par ordre d'importance et d'apprendre à relativiser… Est-ce que le voisin qui a coupé un peu court une branche de notre cerisier mérite une nuit blanche et deux jours d'irritabilité extrême ? Pas sûr… Il va donc falloir prendre de la distance, en analysant objectivement la gravité de chaque situation.

VIVE LES LISTES !

Qui n'a jamais connu le sentiment de plénitude face à une liste de choses à faire entièrement rayée ne sait pas tout à fait ce qu'est le bonheur !

Non seulement le fait de recenser tout ce qui nous incombe dans la journée ou la semaine permet de ne rien oublier, mais il va aussi nous libérer l'esprit. En effet, au lieu d'occuper nos pensées, les tâches à effectuer, les problèmes à régler se retrouvent transférés sur le papier.

Résultat • Nous prenons instantanément de la distance avec ce qui tournait en boucle dans notre tête, l'horizon se dégage… et nous devenons légères comme une plume une fois notre mission accomplie !

Si cette démarche de tri n'est pas effectuée rapidement, il peut se produire un blocage mental non sans conséquences, sur nous comme sur notre entourage. Tourner en boucle au milieu de nos soucis véritables ou imaginaires nous déconnecte, en effet, des autres.

Il va être nécessaire de trier nos problèmes par ordre d'importance et d'apprendre à relativiser. »

Pour nous en convaincre, il suffit de regarder autour de nous : nous avons sûrement, dans notre cercle familial, amical ou professionnel, une personne perpétuellement préoccupée ou inquiète.
Quelqu'un qui, même lorsque nous lui parlons « positif » ou lui annonçons une bonne nouvelle, trouve toujours le « oui, mais… », le « attention à… » ou encore le « tu n'as pas peur que… » qui nous gâchent le plaisir et nous coupent les ailes. Un vrai réflexe !

À force de vivre dans la crainte ou le tourment, ces personnes finissent par avoir besoin de cette inquiétude pour exister. Souvent, sans s'en rendre compte, elles insufflent systématiquement une pointe de négatif dans une situation tout ce qu'il y a de plus simple et sans problème.
La sérénité est pour elles synonyme de vide, un vide dont elles ont peur : de là, il en devient presque inquiétant que tout aille bien… Cela cache quelque chose !

Alors, tout est à leurs yeux matière à devenir un souci qui occupe leur esprit le jour, à l'occasion les empêche de dormir la nuit, et qui à la longue peut se transformer en une vraie névrose. Ces gens ont généralement un point commun : ils remettent toujours les choses à faire au lendemain. Car un problème éliminé, cela veut dire un nouveau problème à trouver !

TÉMOIGNAGE

« COMMENT J'AI OSÉ REGARDER LES CHOSES EN FACE… »

— Hélène

« Depuis pas mal de temps déjà, mon couple battait de l'aile… Je passais sur les infidélités de mon mari, mais je savais, au fond de moi, qu'un jour ou l'autre, il faudrait en finir.
Et pourtant, même avec ce sentiment que la solution à mes problèmes était évidemment la séparation, je ne bougeais pas. Au fond, je crois que je m'étais attachée à cette situation… comme si elle me tenait chaud.

Elle était tellement imprimée en moi que j'avais peur du vide que je ressentirais moralement et même physiquement si je changeais de vie. Je me levais avec ce souci en tête, je me couchais avec et, souvent, je ne dormais pas à cause de cela. Je ne déconnectais jamais…

Peu à peu, néanmoins, j'ai commencé un lent processus qui m'a menée jusqu'à la décision finale : j'ai listé sur un papier tout ce dont je ne voulais plus, puis les raisons qui m'avaient empêchée jusque-là de partir et, enfin, mes priorités si un jour je « m'autorisais » une nouvelle vie.

En lisant ce que j'avais écrit, j'ai eu comme une révélation : c'était comme si j'acceptais de regarder les choses en face. J'avouais enfin que je ne voulais plus souffrir et que j'avais peur du jugement familial car, chez moi, on ne divorçait pas. Dans la colonne de mes priorités futures, j'avais juste inscrit : aimer et être aimée.
À partir de là, j'ai avancé étape par étape. J'ai d'abord vaincu ma peur du vide en faisant du parapente. Ça a été une révélation !

Après ça, je me suis sentie prête à oser. Et j'ai quitté mon mari… Aujourd'hui, j'ai refait ma vie avec un homme que j'aime et qui m'aime ! J'ai atteint mes priorités. »

PETIT TRUC POUR ENCORE PLUS D'EFFICACITÉ

Sur notre liste de choses à faire, inscrivons tout en haut ce qui nous empoisonne le plus (généralement, ce que nous remettons à demain depuis des lustres)... et faisons-le en premier !

Une fois passé le coup de fil à une administration ou à notre grand-tante qui se plaint tout le temps, tout le reste nous apparaîtra d'une facilité déconcertante, et nous serons gonflées à bloc pour venir à bout de cette maudite liste.

Même lorsque tout va bien pour eux ou pour leur entourage, il leur faut leur petite dose d'angoisse. Et le caractère quasi permanent ou, du moins, « installé » de cet état peut à la longue être assimilé à une addiction.

Regarder sa vie comme un film...

Corriger ce qui, au fil du temps, est devenu un trait de caractère bien ancré demandera une énergie énorme. Car notre capacité à nous questionner nous-mêmes va être mise à rude épreuve...

Alors, autant anticiper et ne pas nous laisser gagner, sous peine de voir fuir notre entourage, qui va nous trouver de plus en plus rabat-joie ! Car plus on s'enferme dans ses problèmes, plus on devient prévisible dans ses réactions, plus on s'éloigne des autres.

Deux mots clés vont alors nous être nécessaires dans cette démarche préventive : discernement et ouverture d'esprit. Ce sont eux qui vont en effet nous aider à prendre du recul et à accepter de nous reconnaître quelques défauts.

Ne perdons pas de vue que les réels ennuis sont avant tout liés à la santé, à la famille ou au travail. »

COMMENT ? | En regardant sa vie comme un film… et en couchant tout ce qui nous tracasse sur une feuille de papier. Reconnaissons-le : souvent, certains problèmes restent en suspens et nous obsèdent, tout simplement parce que nous avons sans cesse reculé le moment de les résoudre.

Alors, on fait une liste de tout ce qui nous tracasse depuis des semaines (voire des mois !), qui pollue notre esprit (la lettre aux impôts, le coup de fil à l'assureur…), en ne perdant pas de vue que les réels ennuis sont avant tout liés à la santé, à la famille ou au travail.
On raye donc d'emblée les faux soucis, on se fait violence pour solutionner et donc mettre un terme à quelques préoccupations (rien de tel pour retrouver légèreté et tranquillité d'esprit !).

Du coup ne restent que les « vrais » problèmes, finalement peut-être pas si nombreux et, dans le meilleur des cas, tout simplement inexistants !

Ce tri dans nos préoccupations est réellement la première démarche à effectuer pour éclaircir notre horizon et aller de l'avant. Car ressasser sans arrêt nos vrais comme nos pseudo-problèmes nous empêche d'avancer.

Ne disons plus « Je vais essayer », mais plutôt « Oui, je vais le faire ». ”

En effet, plongées dans ce qui englue nos pensées, nous ne sommes plus dans le mouvement. Nous nous retrouvons sans cesse en état de peur, de retenue face aux choses à accomplir et d'incompréhension mutuelle vis-à-vis de notre entourage.
Bien évidemment, dans un tel état d'esprit, nous n'entreprenons plus rien, trop occupées à craindre ce qui pourrait arriver. De fait, nous devenons spectatrices de ceux qui, eux, sont dans la vie et qui, peu à peu, organisent leur existence sans nous. Il est donc temps de réagir, avant de ne plus avoir assez de clairvoyance vis-à-vis de nous-mêmes...

UN PETIT TRUC FACILE | Recenser les mots ou les expressions que nous employons le plus dans notre langage de tous les jours et chercher un pendant positif pour remplacer les termes qui nous tirent vers le bas.

Exemple • Ne disons plus « Je vais essayer » à une personne qui nous demande un service, mais plutôt « Oui, je vais le faire » (si, bien sûr, nous acceptons de l'aider !), car, si nous partons d'emblée avec l'idée que nous risquons de ne pas réussir, il y a de fortes probabilités pour que notre démarche ne soit pas couronnée de succès.

De même, bannissons le mot « échec » de notre vocabulaire et préférons-lui le mot « expérience »... Une expérience qui n'a pas marché, c'est déjà mieux qu'une tentative qui s'est soldée par un échec, non ?

« GRÂCE AU REIKI, J'AI APPRIS QU'IL FALLAIT PARDONNER. »
— Cindy

« Comme tout le monde, ma vie est faite de hauts et de bas. Avec mon compagnon, nous avons rencontré des difficultés pour avoir un enfant.
Après trois années pénibles, nous avons eu le bonheur d'avoir une fille, mais le contre-coup de cette période a engendré quelques soucis dans notre couple… Le fait d'être parents a fait ressortir des traumatismes de notre enfance.

Nous avons consulté Chantal, qui a su nous remettre sur les rails en trouvant les mots pour nommer ces traumatismes et nous a donné les outils pour travailler à leur résolution.

Parmi ces outils, il y avait le reiki, qui nous a apporté beaucoup au niveau tant énergétique que physique. J'avais été initiée à cette technique en 2008, mais, avec nos soucis, j'avais laissé cela de côté. Le fait de me retrouver m'a permis de renouer avec cette pratique merveilleuse.

J'ai eu une enfance heureuse malgré un événement douloureux qui m'a poursuivie, entraînant des problèmes de confiance en moi, des complexes physiques, etc. Le reiki m'a appris qu'il fallait pardonner pour passer à autre chose.

Mais pardonner n'est pas une chose facile, et le chemin peut être long avant d'y parvenir. J'ai appris qu'il fallait d'abord passer par l'indifférence, et que pardonner ne signifiait pas pour autant aimer. Lorsque j'ai compris ça, j'ai senti le poids sur mes épaules s'envoler et mon esprit s'est enfin libéré. »

→ JE CRÈVE LES ABCÈS QUI ME RONGENT

Rien de pire que de ressasser pendant des semaines, des mois, voire des années, un mot, une conversation ou le geste d'une personne qui nous a blessées.
Que celle qui n'a jamais maugréé en boucle face à la réflexion désobligeante d'une bonne copine nous jette la première pierre !

Bien souvent, cet acte délibéré ou cette maladresse involontaire prennent de surcroît une importance disproportionnée au fil du temps.
Chaque fois que l'on se remémore cet épisode douloureux, c'est comme si cette plaie se rouvrait et s'infectait davantage… au point de faire souffrir parfois le corps autant que l'esprit.

QU'EST-CE QUE LE REIKI ?

Le reiki est une méthode qui utilise l'énergie universelle pour stimuler le bien-être et renforcer le processus naturel de guérison dans tous les domaines : physique, psychique et émotionnel.

Il a été mis au point par un médecin et enseignant (sensei), le Dr Mikao Usui, à la fin du XIXe siècle.
Il est basé principalement sur le tantrisme japonais et s'exerce par imposition des mains sur les centres énergétiques.

Le reiki se pratique dans le respect de la personne et ne se substitue en aucun cas à un traitement médical ou paramédical.

Réagir à chaud sous le coup de la colère n'a jamais rien arrangé. Mais garder ce poids, cette rancœur tout au fond de nous n'est pas non plus une solution. Pour guérir, la blessure doit être clairement mise au jour et extériorisée. D'où l'importance d'un « sas de décompression », d'un laps de temps qui va nous permettre de ne pas regretter nos paroles lancées à chaud, mais au contraire de peser chaque mot, qui sera dit en toute sérénité. Car, bien sûr, le calme sera notre meilleur allié : il n'aura pas son pareil pour désarçonner l'adversaire !

Qu'il s'agisse d'un conflit familial, conjugal, professionnel ou amical, nous ne devons pas laisser traîner l'affaire ! ”

Exprimer cette pensée négative plutôt que de l'imprimer en soi et la laisser nous consumer à petit feu est assurément le moyen de nous libérer d'un poids, d'un stress qui ne peuvent être que néfastes à notre bien-être…
Qu'il s'agisse d'un conflit familial, conjugal, professionnel ou amical, nous ne devons pas laisser traîner l'affaire !

Clé de la réussite : se préparer !

De la petite phrase sans conséquence au secret de famille découvert par hasard, en passant par l'attitude blessante qui nous heurte de plein fouet, le propos, le geste qui fâchent peuvent en venir à nous gâcher la vie si nous ne nous en débarrassons pas dans les meilleurs délais.

À peine lâchés, ils commencent leur travail de sape : ils empoisonnent petit à petit notre quotidien, empêchent le repos de l'esprit, créent un blocage mental et nous offrent en prime quelques nuits blanches. Qui n'a jamais connu l'insomnie ne sait pas combien un petit problème peut prendre des proportions incroyables sitôt la nuit arrivée !

TÉMOIGNAGE

« J'AI SU M'ÉCOUTER... »
— Charlotte

« Depuis plusieurs années déjà, j'étais sous l'emprise d'une amie avec laquelle je travaillais… Nous passions d'excellents moments ensemble, mais elle me dominait : je faisais tout pour lui ressembler parce que je pensais bêtement qu'elle m'apprécierait encore davantage.

Je m'habillais comme elle, je faisais mes choix en fonction des siens, j'étais faible, je la couvrais lorsqu'elle avait besoin de s'absenter du bureau et bien évidemment, portée par ce sentiment de puissance que je lui offrais, elle se servait de moi. Mon entourage me faisait remarquer que je commençais à devenir son clone… Je protestais mollement car je savais bien, au fond de moi, que c'était vrai.

Un matin, alors qu'il ne s'était rien passé la veille pour que je réagisse ainsi, je me suis réveillée en me disant : « C'est fini. » Le midi même, nous déjeunions ensemble et, calmement, je lui répétais mot à mot ce que j'avais rêvé de lui dire depuis des mois et que j'avais tant ressassé !

Que je ne voulais plus de ce type de relation, que désormais nous serions sur un pied d'égalité, que je ne lui servirais plus de bouc émissaire… Je lui ai tout dit, mais sans jamais hausser le ton. Plus je parlais, plus je me sentais zen !

Elle est restée stupéfaite et n'a pas prononcé un mot. Certainement parce qu'elle pensait que je ne pourrais jamais montrer tant d'assurance face à elle. Un sentiment de légèreté m'a alors envahie, j'étais libérée…

Je savais qu'un jour ou l'autre, il faudrait que je lui parle, je n'arrêtais pas de le ressasser au point de commencer à me miner, et je pense que mon esprit m'a envoyé ce matin-là le signal que c'était le bon moment. J'ai su m'écouter, je crois...

Nous sommes restées amies encore quelque temps, ensuite, elle est devenue très copine avec une autre collègue ! Jamais je n'ai faibli et jamais elle n'a essayé de profiter de moi de nouveau. Je me suis sentie tellement plus forte après cette histoire... »

Analyse • Lorsque les rapports sont à ce point tranchés (l'une qui exerce son emprise et l'autre qui se soumet), l'amitié ne peut être « saine ». Comme en tout autre domaine, c'est l'équilibre qui doit primer... Ce qui ne veut pas dire que deux amies doivent absolument se ressembler pour bien s'entendre ! Tout doit résider dans la complémentarité : l'une un peu sage, l'autre un peu dissipée ; l'une dans l'action, l'autre plus contemplative... Tous ces schémas fonctionnent à merveille quand la balle est renvoyée régulièrement dans l'autre camp.

Ce qui a fait défaut à Charlotte, c'est la force de pouvoir dire « stop » dès le début de cette situation. L'amitié ne doit pas « profiter » à l'une plus qu'à l'autre. Dans tous les cas, si nous tenons à l'amitié qui nous lie à une autre personne et que nous sentons les rapports se déséquilibrer, parlons-en le plus tôt possible. Si l'autre tient à nous, elle ne mettra pas longtemps avant de rectifier le tir... justement au nom des sentiments qu'elle nous voue. Mais plus on laissera passer le temps, plus les relations se détérioreront, et plus les risques de briser cette amitié seront importants.

La vie est trop courte pour se l'empoisonner, il faut passer à l'acte. »

Alors, quand le souci est important, il y a réellement urgence à le prendre en main et à le sortir de notre esprit en crevant l'abcès, d'autant que cette gangrène, au fil du temps, risque de modifier insidieusement notre personnalité, de nous aigrir et de nous endurcir.

Là encore, il faut s'attendre à quelques moments pas très faciles… Mais on a dit qu'on allait oser changer, non ? Alors, c'est décidé : on s'y met, et cette fois, pour de bon ! Ce moment où l'on va tout lâcher, se libérer de ce fardeau, on l'a imaginé mille fois. Mais, très probablement, il ne se passera pas du tout comme nous l'avions prévu. Alors, comme nous ne sommes plus à quelques jours près, préparons-nous pour ne pas le rater.

Avant tout, prendre le temps de se poser… Peut-être, sans nous l'avouer vraiment, par peur de passer à l'acte, sentons-nous déjà au fond de nous que c'est le moment. Parce que nous ne pensons plus qu'à ça, ou bien parce les réflexions de notre entourage se font de plus en plus insistantes et régulières : « Avant, t'étais plus drôle », « Tu deviens râleuse, qu'est-ce que tu as en ce moment ? », « On te sens crispée depuis quelque temps… ».

Stop ! Nous ne pouvons plus continuer comme ça… La vie est trop courte pour se l'empoisonner. Il faut passer à l'acte.

Et si le problème venait de nous ?

COMMENT ? | En retournant jusqu'au tréfonds de la blessure et en la regardant dans les yeux. Que s'est-il réellement passé, qu'est-ce qui nous a atteint et, surtout, pourquoi ? Dans cet exercice, n'oublions pas de nous demander si

MÉMENTO : JE CRÈVE MON ABCÈS EN 5 ÉTAPES

1 - Je ne pense plus qu'à ça, ou je remarque qu'on me dit de plus en plus que je change. Il est temps d'agir.

2 - Je prépare tout ce que j'ai à dire, comme un discours, jusqu'à le savoir quasiment par cœur, pour rester calme et assurée.

3 - Je prends rendez-vous avec la personne concernée, en lieu neutre, sans entrer dans les détails, en lui disant simplement que je souhaite lui parler.

4 - Je me prépare à l'écouter et à ne pas lui couper la parole.

5 - Le jour J, j'annonce d'emblée que je ne suis pas là pour l'accuser ou lui faire des reproches, mais pour dire que des choses m'ont blessée.

cette phrase ou cette attitude étaient réellement voulues par l'autre dans le but de nous contrarier, ou si nous les avons mal prises parce qu'elles nous ont renvoyées à une blessure secrète, à un problème beaucoup plus personnel qui n'était pas réglé.

Ce mot, ce geste n'a-t-il pas juste entraîné un effet miroir que l'autre a provoqué involontairement ou inconsciemment ? Dans ce cas, sa responsabilité n'est peut-être pas si importante… Le premier travail est donc à faire sur nous-mêmes : il nous faut, en effet, régler nos comptes avec notre passé, avant d'accuser l'autre de les faire resurgir. Vu comme ça, ça change déjà la donne, non ?

Une fois ce premier tri fait, il est temps de se confronter physiquement au problème qui nous ronge.
Pour cela, rien de tel que de le lire noir sur blanc. Alors, comme on ne change pas une équipe qui gagne, on reprend sa feuille et son stylo, et on écrit précisément tout ce que l'on a ressenti et que l'on a envie que l'autre

L'EFT OU COMMENT SE LIBÉRER DE SES VIEILLES CASSEROLES

L'EFT (*Emotional Freedom Technique* ou Technique de libération des émotions) a été mise au point en 1993 par Gary Craig, un ingénieur américain qui, partant de la médecine chinoise et utilisant les méridiens d'acuponcture, a mis en évidence le pouvoir de la circulation énergétique.

Sa technique est basée sur le principe que toute émotion négative produit des déséquilibres dans le système énergétique du corps. Les ateliers d'EFT aident à la mise au jour, à l'identification du problème et à l'évaluation de l'intensité de la douleur physique ou émotionnelle. Ils libèrent les émotions et viennent à bout des blocages provoqués par les peurs, les traumatismes, les addictions, l'angoisse, les sentiments de colère, de honte, de culpabilité...

sache. Cela aura l'énorme avantage de ne pas nous faire partir dans tous les sens le jour J et, surtout, de nous mener à exprimer clairement notre message. Ensuite, il faudra répéter ce « texte », et uniquement cela. On y gagnera en assurance et cela évitera d'aller plus loin que ce que l'on a décidé de dire.

Parlons franchement, tendons la main, ouvrons notre cœur et mettons notre orgueil pour un temps au placard. »

Que faire si l'autre ne veut rien savoir ?

Et si la personne concernée ne voulait pas en démordre : c'est elle qui a raison et nous tort ! Voilà une éventualité à envisager !

Préparons-nous par conséquent à accepter aussi la possibilité que la personne à qui nous décidons de parler ne fasse pas forcément volte-face le jour où nous lui déballerons notre mal-être… Qu'elle mette à son tour peut-être des jours, des semaines, voire des mois à intégrer, puis à admettre ce que nous lui avons dit.

Nous présenter à l'autre dans une vraie démarche de réconciliation, de pardon et non de règlement de comptes est peut-être un moyen d'éviter cet écueil.

Parlons franchement, tendons la main, ouvrons notre cœur et mettons notre orgueil pour un temps au placard : ce problème qui nous divise nous rend malheureuses, et, si nous n'avions rien à faire d'elle ou de lui, nous ne chercherions pas à le régler.

N'arrivons surtout pas en accusatrices, mais comme quelqu'un qui recherche la réconciliation après une dis-

cussion. Que la situation s'améliore est l'unique but de notre démarche. L'autre doit le comprendre d'emblée, si nous souhaitons que ce moment tant attendu porte ses fruits et nous libère…

Nous trouverions bien plus jouissif de surprendre l'adversaire, de lui asséner notre rancœur d'un trait et de l'achever par K-O sans qu'il n'ait rien compris de ce qui lui arrivait ! »

Et, quelle que soit l'issue du face-à-face, ne perdons pas de vue que cette démarche est avant tout personnelle : même si l'autre n'y adhère pas ou ne reconnaît pas ses torts éventuels, il faut partir avec l'idée que nous aurons effectué un travail important pour nous-mêmes : nous aurons dit ce que nous avions sur le cœur et, surtout, nous savons maintenant que l'autre sait !

Je mets toutes les chances de mon côté

Nous n'avons pas attendu tout ce temps pour faire capoter ce rendez-vous, si déterminant pour notre bien-être à venir, n'est-ce pas ?

Alors, n'oublions pas encore quelques détails, à commencer par la première démarche : celle où nous signifions à l'autre que nous voulons le ou la rencontrer… Cela peut paraître surprenant, mais il est impératif de prendre rendez-vous avec cette personne. Oui, rendez-vous !

Avouons-le, nous trouverions bien plus jouissif de surprendre l'adversaire, de lui asséner notre rancœur d'un trait et de l'achever par K-O sans qu'il n'ait rien compris de ce qui lui arrivait !

Et si l'autre se met en colère, ne lui répondons surtout pas : notre seule chance de désamorcer son agressivité est de rester impassible... »

Eh bien non, nous nous passerons de ce petit plaisir malsain, justement pour ne pas le mettre d'entrée en position de défense, au risque de se sentir agressé et de se refermer illico sur lui-même. Le prévenir qu'on veut lui parler, c'est, au contraire, lui laisser le temps de préparer ses éventuels arguments, au cas où il percevrait la raison de notre demande.

Dans le même esprit, afin de lui montrer que nous souhaitons le placer sur un pied d'égalité, nous lui proposerons un lieu de rencontre en terrain neutre, de préférence un lieu public : on ne hausse pas le ton dans un café comme on pourrait le faire chez soi !

Enfin, le jour J, mettons-nous en mode positif : efforçons-nous de ne pas couper la parole à notre interlocuteur, préparons-nous à entendre ses arguments (voire à en admettre quelques-uns, ce qui serait vraiment une preuve de bonne volonté !). Acceptons l'idée que, face à un même événement, nos réactions peuvent être différentes, mais toutes deux recevables.

Et si l'autre se met en colère, ne lui répondons surtout pas : notre seule chance de désamorcer son agressivité sera de rester impassible, face à ses foudres qu'il faudra le laisser libérer… Rien de tel pour désarçonner la plus énervée des copines !

→ JE ME DÉTACHE DU PASSÉ

Ce qui est fait est fait. Ce qui est dit est dit… Nous n'avons aucun pouvoir là-dessus. Inutile de s'accrocher désespérément au passé.

En revanche, par nos choix, par notre manière d'être, nous avons la possibilité (et la chance !) de pouvoir façonner une grande partie de notre présent et de notre futur. Et nous n'en serons pleinement actrices que si nous prenons conscience de cette réalité.

Regarder devant, avoir des projets, « tracer » parfois sans se poser de questions sont des attitudes qui aident à passer des caps difficiles, comme une rupture sentimentale ou amicale, un deuil, la perte d'un emploi, un accident ou un souci de santé.

Laisser sa trace, fabriquer des souvenirs pour nos enfants et nos petits-enfants, plutôt que vouloir uniquement perpétuer ceux de notre mère ou de grand-mère : oui à la blanquette comme la faisait mamie Ginette, mais place aussi à mon excellent poulet curry-coco dont on parlera encore dans deux générations !

« C'était mieux avant… » Peut-être. Mais qui dit que la suite ne sera pas plus belle encore ? Il faut croire en un avenir plein de surprises, de retournements de situation, et non se focaliser sur ce qui a été, sous peine de rater ce qui se présente à nous dans l'instant.

Gare aux photos !

Moments heureux, moments magiques… mais aussi, souvent, personnes disparues. Si des photos tapissent les murs de notre habitation, observons-les bien.

TÉMOIGNAGE

LES KILOS DU CHAGRIN

— Chantal Duvault-Tavernier

« J'ai rencontré voici quelque mois une personne qui s'est inscrite à l'un de mes ateliers EFT. Elle voulait perdre 8 kilos...

Pourquoi est-elle venue me voir moi et pas une diététicienne ? Certainement parce que, peut-être de manière inconsciente, elle pensait que son surpoids était d'origine émotionnelle. Ce qui était vrai, puisqu'elle se nourrissait correctement et pratiquait une activité physique.

Au cours de nos entretiens, j'ai découvert qu'elle avait dans sa chambre une photo de son père décédé...

C'était le dernier jour où elle l'avait vu vivant ; sur cette photo, elle posait sur ses genoux.

À l'évidence, son deuil n'était pas fait, alors que cette disparition remontait à plusieurs dizaines d'années. Chaque soir, elle s'endormait sur cette vision d'un passé douloureux.

Je lui ai suggéré de décrocher cette photo et de la déposer dans une malle à souvenirs... ce qui lui permettait d'aller la voir autant de fois qu'elle le souhaitait si elle en avait besoin, mais qui l'éloignait malgré tout de son regard permanent.

Elle a d'abord refusé catégoriquement cette éventualité, puis, peu à peu, a lâché prise : je crois qu'elle prenait progressivement conscience de l'origine de son problème.

Elle a beaucoup pleuré… C'était pour elle comme un deuxième enterrement. J'ai réussi petit à petit à lui faire admettre qu'elle ne trahissait aucunement son père, qu'il restait dans son cœur et qu'il serait toujours aussi présent, mais qu'elle devait penser à elle, au présent, à sa propre vie.

Quatre mois plus tard, sans rien changer à ses habitudes de vie ou alimentaires, elle avait perdu ses 8 kilos. Je sais que, de temps en temps, elle va revoir sa photo, mais je sais aussi et surtout que, maintenant, elle va bien.

Elle s'est délestée de 8 kilos de chagrin… »

Décider de mettre une photo au grenier ou dans une boîte à souvenirs n'est pas une trahison vis-à-vis de la personne disparue. ”

Passer chaque jour devant le cliché d'une personne décédée peut être à double tranchant : soit nous considérons cette mémoire visuelle comme une bonne étoile veillant sur nous, soit nous entrons dans le cas délicat de la photo culte et, là, danger !

Bien souvent, les photos trop « ciblées » ne font que nous ramener à une douleur intérieure, consciente ou non, et nous empêchent de faire un travail de deuil nous permettant, justement, de pouvoir avancer vers le présent et le futur.

En outre, il peut être risqué de tomber dans l'écueil de cette adoration d'une époque révolue ou d'un être cher disparu qui va, à la longue, nous faire idéaliser ce passé et rendre notre présent décevant.

Décider de mettre une photo au grenier ou dans une boîte à souvenirs n'est pas une trahison vis-à-vis de la personne disparue.

Cet acte sera seulement la preuve d'une volonté de se tourner vers les vivants et donc vers la vie, sans pour cela brûler nos souvenirs. Qu'il soit heureux ou malheureux, nous n'oublions pas ce passé qui nous a construites, dont nous sommes le fruit.

Mais nous ne devons pas nous y engluer, sous peine, là encore, de nous enfermer dans ce « devoir de mémoire » devenu trop envahissant pour notre entourage. Car nous sommes ce que nous pensons, c'est une évidence.

Être focalisées sur le passé nous isolera petit à petit des autres, qui, eux, sont dans la vie, dans l'instant présent et même futur.

Ressasser le passé peut aussi faire fuir nos proches, car nous avons alors tendance à tourner en boucle.

Résultat • La « passéiste » se retrouve prisonnière d'une bulle dont les autres sont exclus et dont elle n'a parfois même pas envie de sortir. Elle est là, bien au chaud avec ses souvenirs, accrochée à eux comme à une bouée de secours. Refuge ou prison, c'est pour la personne arrimée à son passé son seul lieu de vie.

Redevenons quelqu'un !

Alors, les filles, ne nous laissons pas piéger et choisissons la vie. Redevenons actrices de notre existence actuelle et non plus spectatrices nostalgiques de notre passé. En nous repositionnant dans le présent, nous reprenons notre processus de construction quotidienne.

Attention : nous ne renions rien ! Pas question de nous mettre en position de déni ou de tirer un trait sur le passé. Non, gardons juste à l'esprit qu'il est possible (et nécessaire !) de perpétuer l'histoire de sa famille, tout en s'imposant comme une personne à part entière, et pas seulement en tant que « fille de… ».

Du coup, nous retrouvons tout naturellement notre place de femme, d'épouse, de mère, de grand-mère : nous redevenons celle avec qui il faut compter, celle qui, elle aussi, va laisser sa trace. Par sa personnalité, ses choix, sa créativité, ses actions, ses paroles…

Place aux joyeux, à ceux qui sourient à la vie, qui ont toujours une idée à concrétiser, une pêche d'enfer, un projet en tête, un voyage à entreprendre, à la bonne humeur contagieuse. »

Notre vie ne doit pas être dans la reproduction du passé, mais dans la construction du présent, un présent à notre image, et même dans la préparation du futur.
Si nous ne sommes pas pleinement conscientes de cela, nous risquons tout bonnement de passer à côté de notre vie.

→ JE CHOISIS MES FRÉQUENTATIONS

Dans ce domaine aussi, il va falloir faire le tri !

Écartons-nous des personnes négatives, des insatisfaits chroniques, des champions de la morosité, des esprits chagrins, des gens qui ont toujours mal quelque part ou qui ne savent pas dire bonjour sans embrayer illico sur leurs soucis. Bref, de tous ceux qui ont le pouvoir de nous plomber l'existence !

Place aux joyeux, à ceux qui sourient à la vie, qui ont toujours une idée à concrétiser, une pêche d'enfer, un projet en tête, un voyage à entreprendre, à ces individus à la bonne humeur contagieuse qui nous poussent à agir plutôt qu'à subir…

À leur côté, la vie devient déjà plus facile, nos problèmes trouvent des solutions, nos soucis se relativisent et passent au second plan.

Car penser positif, c'est déjà changer notre perception du monde qui nous entoure.

AVANT TOUT : FAIRE LE POINT

Petit exercice pour y voir plus clair dans son entourage. Prenons une feuille (eh oui, choisir d'aller mieux nécessite beaucoup de papier !) et séparons-la en deux parties :

Les personnes positives d'un côté (celles que j'ai plaisir à voir, qui me font du bien, qui me laissent de leur bonne humeur lorsqu'on se quitte…).

Les personnes négatives de l'autre (celles qui se plaignent, qui monopolisent la parole pour me parler de leurs problèmes, qui ne voient que le verre à moitié vide, les jaloux…).

Passez en revue toutes les personnes de votre entourage : membres de la famille, amis, copains, voisins, collègues de travail, de sport ou d'association… Et voyez quelle colonne se remplit le plus. Celle des gens négatifs est la plus importante ?

Le constat s'impose : nous attirons ces personnes-là et leur fréquentation démontre peut-être que nous n'avons pas réglé certains problèmes personnels. Si c'est la colonne des gens positifs qui domine, alors il ne nous restera plus qu'à prendre de la distance avec les quelques représentants de la colonne négative !

Attention • Là encore, pas de mauvaise interprétation. Éloignement ne signifie pas forcément rupture, tout est affaire de dosage !

Attention, là encore, il n'est pas question de devenir imperméables à la douleur des autres et de se transformer en êtres glaciaux, dénués de tout sentiment.

TEST DE SURVIE EN MILIEU HOSTILE

Comment repérer une personne « toxique » ?

Parce qu'on ne perçoit pas au premier abord leur potentiel à nous « contaminer », il convient d'être attentif à ces personnes qui, parfois sans le vouloir, tout simplement parce que leur caractère est ainsi fait, peuvent nous gagner et nous entraîner dans leur esprit négatif.

Oui, il y a parmi elles des gens absolument adorables pour lesquels, au début, nous pouvons même éprouver de la sympathie ou de la compassion. Mais prenons garde : certains sont très doués pour nous amener à penser comme eux. Les rabat-joie, les jaloux, les commères, les moroses, les insatisfaits permanents, les « contre tout par principe » sont à repérer d'urgence, sous peine de nous contaminer au fil du temps.

En fait, c'est leur systématisme qui doit nous alerter : si leur conversation ne diffère pas de jour en jour ou de soirée en soirée, s'ils tournent en boucle et nous donnent la sensation de ne jamais trouver quelque chose de bon dans leur existence, courage… fuyons !

Mais, si nous n'allons déjà pas très bien nous-mêmes, il sera prudent de tenir à distance les individus un rien « toxiques », qui ne vont rien arranger à notre moral !

POURQUOI ? | Parce que, dans les périodes d'incertitude ou de mal-être, nous avons beaucoup plus de chances d'attirer des personnes négatives, qui vont épuiser nos dernières ressources et nous assommer de leurs problèmes.

Notre capital positif ne pourra être qu'entamé par ces rois du négatif. Car soyons certaines que, lorsqu'ils repartiront, une de leurs innombrables casseroles sera restée chez nous... ”

Mais vous voir en position de faiblesse les réconfortera : elles ne seront plus seules !

Généralement, ces personnes ne nous écoutent pas (ou très peu !) et ne se soucient pas de notre cas, trop occupées à nous exposer le leur.

Résultat • Aucun échange, et la sensation que, même en leur ayant porté un quelconque intérêt, nous ne les ferons pas changer pour autant.

En revanche, notre capital positif ne pourra être qu'entamé par ces rois du négatif. Car soyons certaines que, lorsqu'ils repartiront, une de leurs innombrables casseroles sera restée chez nous…

Autrement dit : ces êtres nous auront passé un peu de leur mal-être, de leurs doutes et de leur vision grisâtre. Pas super pour retrouver la pêche !

Raréfier les rencontres, espacer les occasions de se voir sera pour nous un moyen de ne pas être atteintes par le virus du négatif. »

Comment m'éloigner des rabat-joie ?

Maintenant que la liste est établie et que nous savons qui dans notre entourage peut nous empêcher d'avancer dans notre démarche pour aller mieux, il va falloir penser à la méthode pour faire progressivement sortir ces personnes de notre sphère, ou du moins les en éloigner.

Comment s'y prendre, en effet, pour froisser le moins possible (car autant nous y faire d'entrée, nous allons froisser !) ces gens perpétuellement en demande de notre regard, de notre écoute, de notre approbation et de notre attention ?

Le moyen qui porte le moins (dans un premier temps !) à conséquence sera tout bonnement l'éloignement. Raréfier les rencontres, espacer les occasions de se voir sera pour nous un moyen de ne pas être atteintes par le virus du négatif.

Cela dit, la personne en question pourra vite se rendre compte de notre démarche, car nous serons rapidement repérées comme un « auditeur » de moins à ses problèmes, et elle nous fera rapidement savoir que nous nous voyons moins…

QUE FAIRE, ALORS ? | Ce que l'on devrait faire d'entrée, au lieu de repousser le problème. Entre adultes, il est possible d'aborder ce genre de choses, à savoir : parler.

Dire à l'autre que vos chemins divergent de plus en plus, que nous ne sommes plus aptes à « absorber » ses discours, que ceux-ci nous plombent, que nous ne portons pas le même regard sur la vie et que nous partageons de moins en moins de choses.

De là, un constat s'impose : à chacun sa route, à moins que la personne ne soit disposée à rectifier le tir, à prendre conscience de ce qui nous pèse et à faire son autocritique.

Enfin, pour celles qui ont du mal avec les face-à-face : la lettre.

Avantage • Pas d'interruption par l'autre, discours entièrement retranscrit, on va jusqu'au bout de sa pensée. Mais prenons garde aux mots qui peuvent blesser, surtout quand ils sont couchés noir sur blanc. Il conviendra donc de bien se relire avant de cacheter l'enveloppe !

« *Le bonheur n'est pas dans la perfection, mais dans la tolérance à l'imperfection.* »

— Yacine Bellik

CHAPITRE 2

JE NE SUIS PAS PARFAITE… TANT MIEUX !

Notre société nous condamne chaque jour à devoir être parfaites sur tous les plans. Il faut être, de front : une bonne mère, une bonne épouse, une bonne professionnelle, une sportive à la silhouette irréprochable…

Stop ! On ne nous aimera pas moins si nous ne réussissons pas en tout ! Être bien dans sa peau et sûre de soi ne se décrète pas et, surtout, ne s'acquiert pas en un jour.
Mais il existe une palette infinie de subterfuges pour nous amener progressivement à cet état que nous souhaitons toutes.

→ J'ACCEPTE MES DÉFAUTS ET JE ME CONCENTRE SUR MES QUALITÉS

Accepter ses défauts, ses faiblesses, ses failles, savoir les reconnaître et même en rire, ne pas vouloir à tout prix se conformer à une image, entrer dans un statut... tout cela est un premier pas vers un mieux-être certain.

S'accepter comme telle, mettre en valeur ses qualités plutôt que ressasser ses défauts peuvent aider un corps et un esprit à retrouver un équilibre indispensable...
Voilà pour les grands principes : et maintenant, qu'est-ce qu'on fait ?

Il est des défauts que l'on peut corriger et d'autres pas. Pour la seconde catégorie, on n'aura d'autre choix que de s'en accommoder.

Si nous souffrons de notre petite taille, par exemple, autant se dire tout de suite qu'il ne sert à rien de passer une vie à se révolter ou à déprimer contre cet état de fait. Mais il est possible de détourner l'obstacle en optant pour les talons ! Et puis, disons-nous que nous pourrons aussi en jouer, sachant que ce pouvoir ne passera que par l'humour ou l'autodérision.

Car savoir rire de ses petits travers, de ses complexes, aide réellement d'une part à relativiser l'importance du problème, d'autre part à modifier le regard des autres vis-à-vis de ce qu'on pense être un sujet de discussion incontournable.

Non, notre entourage ne se lève pas chaque matin en pensant à notre cellulite et ne passe pas sa journée à la commenter avec toutes les personnes rencontrées !

Gare, en effet, à la paranoïa : une messe basse entre deux copines ne nous concerne pas obligatoirement. Si nous parvenons à être légères sur ce qui nous complexe, sachons que cette légèreté touchera instantanément ceux qui nous entourent.

À l'attaque : ayons le courage d'analyser le problème en face… C'est là le seul moyen d'arrêter de se torturer au quotidien. ”

Une seule condition pour enfin se plaire : le vouloir vraiment !

On a dit qu'il fallait que ça change ? Qu'on allait tout faire pour se plaire et ne plus se focaliser sur ce qui clochait en nous ? Alors, à l'attaque ! Ayons le courage d'analyser le problème en face…

Est-ce un défaut dont les autres se sont moqués, parfois depuis notre plus tendre enfance (« T'es nulle », « T'es grosse », « T'as tout le temps peur », « T'as un grand nez »…) ou bien un trait de caractère, un complexe physique que nous nous sommes « fabriqué » et qui, au fil des années, a pris des proportions assez importantes pour qu'on nous en parle régulièrement (« Tu te vexes pour un rien », « Tu ne veux plus bouger, c'est normal que tu grossisses », « Tu trouves des défauts à tout le monde », « Tu fais des fixettes sur tout ») ?

Dans les deux cas, il sera possible de faire bouger les choses à une seule et unique condition : le vouloir vraiment !

C'est là le seul moyen d'arrêter de se torturer au quotidien, de se gâcher la vie en se lamentant… et d'empoisonner celle des autres, par la même occasion !

DES SOLUTIONS À MES COMPLEXES

CE QUE JE PEUX CHANGER	COMMENT ?
Ma timidité	Théâtre, danse, chant, me faire faire un book photos ; thérapie
Mon poids	Équilibrer mon alimentation, bouger, mettre au jour et régler les problèmes qui peuvent éventuellement bloquer mon amincissement (deuil, divorce, etc.)
Mon physique, mon allure en général	Une nouvelle coupe de cheveux, un cours de relooking, un peu de sport, des nouvelles lunettes (ou des lentilles à la place des lunettes !)

CE QUE JE DOIS ACCEPTER	PAR QUEL BIAIS ?
Ma petite taille	Des talons, l'autodérision
De ne jamais être maigre, tout simplement parce que je suis faite comme ça…	En regardant les autres (sont-elles si parfaites que ça ?), en étant coquette, en mettant l'accent sur mes atouts (ma poitrine, mes yeux, etc.)
Mon handicap	M'investir dans une cause, ne pas me marginaliser, continuer de me mêler aux valides

Tant pis si le frigo est désespérément vide depuis deux jours parce que nous n'avons pas eu le temps de faire les courses. »

Mais, là encore, il faudra se secouer et prendre une vraie décision, en ne perdant pas de vue que l'on sera seule à décider et seule à agir, du moins dans un premier temps.

Tant pis si ma balance n'affichera jamais le poids de Kate Moss : je tire un trait sur ce mirage et je garde mon énergie pour me fabriquer un nouveau look… Non pas pour camoufler mes rondeurs, mais pour les mettre en valeur !

Misons à fond sur nos atouts !

Soyons honnêtes : être ronde n'a jamais empêché d'être coquette.
Si, auparavant, nous étions condamnées aux vêtements toile de tente, aux couleurs tristes et à un choix plus que limité, il existe maintenant d'innombrables gammes de prêt-à-porter qui permettent d'être élégantes.

On misera ensuite sur l'accessoire qui fait diversion : un joli collier, une nouvelle coupe de cheveux, une couleur plus douce, un maquillage adapté.
Règle de base en toute circonstance : le poids excessif ne doit pas être synonyme de laisser-aller…

Et, comme il y a de grandes chances que nous ne soyons pas la sœur jumelle de Quasimodo, profitons-en pour mettre en valeur ce qui nous plaît chez nous. Nos jolis yeux, notre belle chevelure, mais aussi – hors physique – nos talents de cuisinière, notre capacité d'écoute, notre savoir-faire en déco…

Au final, provoquons l'effet miroir : j'inspire la confiance et donc j'ai confiance en moi. Ou le contraire ! ”

À retenir : tout ce qui pourra nous valoriser aux yeux des autres et fera de nous « la » personne incontournable dans un domaine, celle que l'on admire et qui fait l'unanimité.

Enfin, arrêtons une bonne fois pour toutes d'exiger que tout soit parfait en nous. Les failles font aussi notre charme…

Pourquoi perdre du temps à vouloir toujours se comparer aux autres plutôt que de cultiver tout ce qui fait notre charme et nos atouts ? De la même manière que l'on peut avoir honte de ses défauts, n'en venons pas à avoir honte de nos qualités !

Assumons... et rions !

Et puis, soyons juste un peu indulgentes vis-à-vis de nous-mêmes… Anéantissons cette petite voix saboteuse qui nous déprécie, qui enfonce le clou.

Tant pis si le frigo est désespérément vide depuis deux jours parce que nous n'avons pas eu le temps de faire les courses. Pas grave si, pour une fois, nous n'assistons pas au match de tennis du petit dernier !

Assumons d'être allées chez le coiffeur, au ciné, chez l'esthéticienne, boire un thé chez une copine au lieu d'apporter le costume de notre chéri au pressing ou d'avoir fait un gâteau pour la fête de l'école ! Rions de tout cela… la vie est courte !

Apprenons à croire en nous, à assumer nos choix, à ne pas vouloir à tout prix nous couler dans le moule de la femme parfaite, pour que les autres nous perçoivent davantage comme quelqu'un de solide plutôt que désespéré de ne pas avoir assuré sur tous les fronts.

Et, au final, provoquons l'effet miroir : j'inspire la confiance et donc j'ai confiance en moi. Ou le contraire !

« Il y a des fleurs partout pour qui veut bien les voir. »

— Henri Matisse

CHERCHER... ET TROUVER SES QUALITÉS

— Sophia

« J'ai une amie assez forte... et très, mais vraiment très drôle. Je ne la vois pas comme quelqu'un de gros, mais comme une personne dont j'adore l'humour.

Quand j'ai passé une soirée avec elle, je ne me couche pas en pensant à ses kilos en trop, mais juste au fait qu'elle m'a fait rire et passer un bon moment.

Pourquoi a-t-elle autant d'humour ? Parce que je crois qu'elle a réussi à s'accepter comme telle, qu'elle ne cherche plus à devenir celle qu'elle aurait certes voulu être.

Elle a réalisé qu'elle gâchait sa vie avec ses régimes incessants, tous plus inefficaces les uns que les autres, et, en lâchant prise, elle est parvenue à être bien dans sa peau : ses rondeurs sont parfaitement assumées.

Elle a trouvé son arme... Par l'humour, elle fait oublier son excès de poids. Je ne dis pas que tout le monde devrait faire pareil, chacune fait comme elle peut, comme elle le sent. Mais, dans le cas de cette amie, c'est une vraie victoire d'avoir pu passer ce cap. »

DIFFICILE DE SE TROUVER DES QUALITÉS

— Chantal Duvault-Tavernier

« Lorsque je rencontre des personnes qui ont un problème de confiance en elles, je leur demande d'emblée quelles sont les qualités qu'elles se reconnaissent…

Et je constate à chaque fois qu'elles ont beaucoup de mal à en trouver. Il est beaucoup plus difficile de se trouver des qualités que des défauts !

Quand on se trouve une qualité, il faut alors en prendre soin, l'arroser chaque jour, la cultiver. C'est là la clé du retour à la confiance en soi… »

« Ne dis jamais que tu ne vaux rien, car dans la plus sale des flaques, le ciel peut se refléter. »

— Alain Anderset

→ J'APPRENDS À DIRE NON

Nous touchons à un chapitre majeur de notre méthode. Une étape obligée, sans laquelle nous ne pourrons avancer. Car savoir dire non, c'est savoir dire oui à la vie et à soi-même.

Ce n'est qu'en réussissant à nous affirmer que nous pourrons accéder à un état d'épanouissement psychologique, et même physique, car nous verrons que notre posture peut s'en trouver aussi modifiée.

Savoir dire non… ou stop !

Vaste programme, voire mission impossible pour celles d'entre nous qui n'osent pas prendre leur place, que ce soit au sein de leur couple, de leur famille, de leur environnement amical ou professionnel.

Et pourtant, il y a des solutions pour retrouver sa personnalité et exister en tant qu'individu. Car accepter tout et même n'importe quoi, c'est commencer à s'oublier, à ne plus considérer ses envies, ses idées, ses opinions.

Aux yeux de notre entourage, nous devenons vite celles dont on ne prend même plus l'avis, puisqu'elles seront toujours d'accord… et nous finirons dans la transparence. D'où également le danger de se voir réserver tout ce que les autres ne veulent pas faire. Normal, puisque nous ne disons jamais non !

Sans compter que d'être toujours là pour les autres nous empêche de nous concentrer sur nous-mêmes.

Et après tout, si l'on y réfléchit bien, pourquoi ferions-nous passer nos objectifs et nos projets après ceux des autres ?

Peur de décevoir ou de s'opposer…

Pourquoi ne savons-nous pas dire non ? Essentiellement par peur des conséquences de notre refus. Dire non, c'est risquer de décevoir, c'est s'opposer et parfois devoir entrer en conflit avec l'autre, conflit que nous redoutons car nous manquons de confiance en nous pour exprimer un avis contraire. Alors que le fait de dire oui recueillera (en apparence !) l'assentiment de notre entourage et nous donnera la sensation d'être appréciées par celui-ci.

Il y a des solutions pour retrouver sa personnalité et exister en tant qu'individu. ”

ET POURQUOI MOI D'ABORD ?

Si nous n'avons aucune envie d'accéder à la demande d'une personne de notre entourage, mais que nous ne parvenons pas à refuser celle-ci, bottons en touche !

Demandons à notre interlocuteur s'il n'y a pas quelqu'un d'autre dans son entourage qui pourrait posséder des capacités similaires aux nôtres pour effectuer la tâche en question… Au besoin, proposons même quelques noms ! De ce fait, le poids du refus ne reposera pas uniquement sur nous mais aussi sur les épaules de ceux ou celles qui auront peut-être également refusé. Facile !

Il est donc temps d'attaquer le problème à bras-le-corps : là encore, il faut garder à l'esprit que l'on ne nous aimera pas moins si l'on émet un avis contraire à celui d'un parent, d'un collègue ou d'un ami, et qu'on y gagnera même en respect.

Une première clé pour gagner en assurance et en confiance en soi : prenons notre courage à deux mains et osons nous lancer. »

Certes, les débuts seront difficiles, mais Paris ne s'est pas fait en un jour… Une première clé pour gagner en assurance et en confiance en soi : prenons notre courage à deux mains et osons nous lancer.

Peu à peu, nous allons réussir à nous affirmer et à ne plus accepter l'inacceptable, ou en tout cas ce dont nous n'avons pas envie.
Par la même occasion, notre estime de soi s'en trouvera renforcée, puisque nous aurons su nous positionner, donc échanger des idées, et non pas suivre l'avis général, par timidité ou peur de s'opposer.

Vive le plan B diplomatique !

La solution le plus « diplomatique » pour apprendre à dire non, c'est le bon vieux plan B ! Ménageant la chèvre et le chou, cette manière de procéder est une méthode douce que pourront appliquer les plus timides d'entre nous… et même les autres.

Celle-ci consiste à ne pas dire non de but en blanc, mais à dire non en proposant d'emblée une autre solution au demandeur. Ce qui aura le double avantage de signifier notre refus en douceur à la personne demandeuse et de montrer, dans le même temps, notre bonne volonté en ne la laissant pas dans l'embarras.

Fions-nous à notre bonne vieille première impression, qui n'est pas une légende ! ”

En revanche, il faut oublier de s'excuser, de se justifier, de partir dans des détails invraisemblables pour expliquer ce refus, car nous nous replaçons immédiatement en position de faiblesse et de culpabilité vis-à-vis de l'autre.

Les raisons de notre décision ne regardent que nous, un point c'est tout.

Autre soutien non négligeable dans notre démarche d'affirmation : l'intuition. Fions-nous à notre bonne vieille première impression, qui n'est pas une légende ! Nous ne sentons pas la proposition de notre interlocuteur ? N'y allons pas !

Notre esprit est un filtre incroyable, si nous savons lui porter un minimum d'attention et écouter notre petite voix intérieure. Notre cerveau est instinctif : avant de céder à nos « petits démons » que sont le manque de confiance en soi, la timidité ou la culpabilité, il nous enverra, en effet, un premier message à l'état brut.
Et là, à nous de savoir le capter, car il sera parfois très fugace. Tout est affaire de chimie, on sent s'il faut se lancer ou non.

Savoir dire stop... au nom de notre santé

Mais le message peut aussi passer par le corps : lassé de dire oui en permanence et de devoir trouver l'énergie nécessaire pour combler les demandes de notre entourage, celui-ci vient à manquer de carburant lorsque nous le sollicitons pour nous-mêmes.

ON PEUT POSITIVER UN ÉCHEC… J'Y SUIS PARVENUE

— Sylvie Pichon-Maquelle

« Deux ans après mon accident, j'ai subi trois opérations qui avaient une chance de remédier à des séquelles persistantes. Je savais que c'était délicat, pas gagné d'avance, mais qu'il y avait tout de même près de 70 % de chances de réussite. Je crois de toute façon que j'aurais tenté l'aventure même s'il n'y en avait eu qu'une ! Malheureusement, au bout de quelques mois, j'ai dû me rendre à l'évidence : je faisais partie des 30 % de patients pour lesquels l'opération n'avait pas fonctionné ; cela m'a ravagée, autant moralement que physiquement.

Chantal a été capitale dans la manière dont j'ai vécu cet épisode de ma vie. Elle m'a persuadée que je n'avais pas vécu un échec, mais une expérience, un pas vers d'autres choses à tenter… plus tard. Grâce à elle, j'ai échappé à la dépression qui me guettait et j'ai traversé cette « non-réussite » avec une sérénité qui m'étonne encore !

Aujourd'hui, je suis prête pour d'autres tentatives qu'on me proposera peut-être demain ou dans quelques années. Je suis confiante en la médecine, et je suis surtout confiante en moi-même, en mon mental, pour revivre une nouvelle expérience. »

« Toutes les batailles de la vie nous enseignent quelque chose, même celles que nous perdons. »

Paulo Coelho

> Savoir dire non à ce qui nous détruit à petit feu pourra également contribuer à la reconquête de l'estime de soi. ❞

À nous, là aussi, de savoir décrypter les messages d'alerte qu'il nous envoie (stress, angoisses, insomnie, maux de ventre ou d'estomac, etc.) et de savoir dire stop, au nom de notre santé. Concernant notre santé, il est aussi un non que nous devons apprendre à nous dire personnellement.

Là, point de culpabilité ou de timidité qui vaille, pas plus que de regard ou de jugement extérieur que nous serions amenées à craindre : apprendre à nous dire non sera également un passage obligé dans notre processus de reprise en main.

Il s'agira dans ce cas de chercher dans un premier temps les blessures qui ont généré une forme quelconque d'addiction, de leur faire face et de décider qu'elles ne doivent plus nous régir.

Savoir dire non à ce qui nous détruit à petit feu – l'alcool, le tabac, la drogue, les excès en tout genre et les mauvaises habitudes en général – pourra également contribuer à la reconquête de l'estime de soi. Et qui dit confiance retrouvée dit force et assurance décuplées, lorsqu'il s'agira d'opposer un refus à l'autre.

Pas de systématisme !

Mais, là encore, ne tombons pas dans l'excès inverse, ni dans une mauvaise interprétation de ce qui vient d'être exposé : savoir dire non ne signifie pas dire non systématiquement !

N'oublions tout de même pas que le don de soi n'a pas son pareil pour nous ouvrir aux autres, nous enrichir, nous épanouir et, il faut bien l'avouer, nous valoriser !

Nous avons juste appris à repérer et à nous débarrasser des situations extrêmes, mais, bien entendu, restons les filles et les femmes généreuses qui savent écouter, rendre service et être disponibles… pourvu que le processus fonctionne aussi dans le sens inverse. Après tout, nous le valons bien, non ?

→ JE M'AUTORISE DES RATÉS ET JE M'EN SERS

« L'erreur est humaine »… Pourquoi croyez-vous que cette phrase ait été inventée ? Parce que, de tout temps, l'humain a trouvé des obstacles sur sa route et n'a pas toujours réussi dans ce qu'il souhaitait. Y compris les plus grands ! Pensez-vous qu'Einstein n'ait pas connu quelques ratés, avant de nous exposer ses grandes théories ? Ou que Pierre et Marie Curie n'aient pas, de rage, cassé quelques éprouvettes avant de voir aboutir leurs recherches ?

Éducation ou préjugés ? En France, nous avons tendance à penser que le mot « échec » est négatif… Question de culture, plutôt : en Amérique du Nord, l'échec est intégré dans le cursus d'un étudiant et ne prend donc pas les proportions que nous lui accordons. Chez nous, on parle partout d'échec scolaire… Qu'espérer après cela ?

Écoutons notre petite voix intérieure !

Les erreurs sont nécessaires et formatrices, elles soulignent simplement notre carence en certaines connaissances. Elles doivent servir de tremplin plutôt que de boulet, nous enrichir et nous rendre plus fortes, notamment dans le fait d'assumer d'avoir failli.

Préférons le verbe « tenter », déjà plus dynamique, et surtout « oser » : là, la couleur est annoncée ! Car le mental est essentiel au début d'une entreprise, quelle qu'elle soit. »

L'échec n'est pas un drame en soi, nul besoin de tout remettre en question parce qu'on a échoué sur un point. On dit souvent : « Qui ne tente rien n'a rien. » L'important est de se lancer.
Et aussi d'écouter cette petite voix intérieure qui vous dit d'y aller ou pas. Attention, nous avons dit ÉCOUTER… pas entendre !

Dans une tentative, le vocabulaire que nous utilisons est éminemment important : « essayer », c'est déjà se programmer pour l'échec. Préférons le verbe « tenter », déjà plus dynamique, et surtout « oser » : là, la couleur est annoncée ! Car le mental est essentiel au début d'une entreprise, quelle qu'elle soit.

Régulièrement (mais surtout pas chaque 1er janvier !), revisitons nos objectifs, affinons-les en fonction de notre vécu des derniers mois, réorganisons nos priorités, axons nos actions sur un thème précis (m'occuper davantage de ma famille, m'inscrire enfin au cours de danse dont je rêve depuis des lustres …), afin de rendre nos buts à atteindre encore plus précis.

Cette précision nous tendra encore plus vers la réussite. Un travail bien préparé est déjà gagné à 50 % !

Aucun raté ne doit être inutile

Recadrer ses échecs, c'est aussi recadrer ses objectifs : plutôt que de s'obstiner, se demander si cela vaut vraiment la peine d'y retourner, se demander si l'on a toujours autant envie du but à atteindre…

COMMENT REPARTIR À L'ASSAUT EN 4 ÉTAPES

1 - Ne pas rester sur ce raté qui n'est qu'une phase de notre vie et pas la fin du monde : enfourcher rapidement un autre cheval de bataille.

2 - Se programmer pour la réussite du nouvel objectif : visualiser ce que l'on vivrait si l'on réussissait à l'atteindre. Anticiper, se projeter, imaginer, comme si l'affaire était gagnée. Dans notre tête, passer d'ores et déjà à la phase suivante.

3 - Parler de cet échec, l'analyser avec des gens positifs.

4 - Avant de repartir, de retenter sa chance, comprendre pourquoi et où on a échoué, et ne surtout pas y retourner dans les mêmes conditions ou dans le même état d'esprit. Se mettre à jour…

Je n'ai pas pu acheter cette maison faute de moyens. Est-ce vraiment un échec ? Avais-je vraiment envie ou besoin de cette maison ? N'avais-je pas ce projet juste pour me positionner socialement, par rapport à ma famille, mes amis, mes collègues de travail ?

Dans ce travail sur nous-mêmes, nous devons réaliser que le but à atteindre doit être la joie, le bonheur, la plénitude, la sérénité… et non la satisfaction d'avoir ou d'être plus que l'autre.

Tout au long de notre vie, il nous arrivera d'échouer dans les objectifs que nous nous sommes fixés.
Et alors ? Pendant que nous serons encore en train de pleurer sur notre sort, d'autres penseront déjà à leur prochain défi… et ce sont elles qui auront raison !

Tirons une leçon de nos ratés afin qu'aucun épisode de notre vie ne soit inutile. ”

Tirons une leçon de nos ratés afin qu'aucun épisode de notre vie ne soit inutile. Ceux-ci doivent nous rendre plus fortes, plus riches des erreurs que nous ne devons plus commettre et nous servir de tremplin pour les chalenges à venir.

Nous devons (ré)apprendre à faire face, à assumer, à dominer les difficultés et ne pas les laisser nous engloutir…
Peut-être en admettant simplement que nous serons toute notre vie des apprenties. |

OK, J'AI RATÉ UN TRUC…

Quelles questions dois-je me poser ?
→ Ma motivation était-elle suffisante ?
→ L'objectif visé était-il le bon ?
→ Le but était-il en accord avec mon état d'esprit ?
→ Étais-je en état physique et pas seulement psychique d'atteindre mon but ?

« Fais du bien à ton corps
pour que ton âme
ait envie d'y rester. »

— Proverbe indien

CHAPITRE 3

JE ME FAIS DU BIEN… ET J'ASSUME

À ce stade de la méthode, nous devons commencer à comprendre que le bien-être est une notion indispensable à l'avancée de notre esprit…

En résumé, si nous voulons être en paix avec les autres, soyons-le d'abord avec nous-mêmes ! Commençons donc par ne plus culpabiliser à l'idée que nous allons désormais penser à nous, régulièrement : non, nous n'allons pas devenir d'affreuses égoïstes.
Et non, nous ne sommes pas des mères, des épouses, des filles ou des sœurs indignes parce que, de temps en temps, nous nous accordons un ciné ou un resto entre copines…

→ JE RESPECTE MON CORPS ET JE L'ÉCOUTE

Notre corps est un bien précieux à entretenir et, surtout, à respecter. Mal l'alimenter, le soumettre sans cesse à la pollution environnementale, le faire vivre dans le bruit, lui imposer un stress permanent, le contraindre à rester sédentaire, le laisser se dégrader sous l'effet d'addictions (tabac, café, alcool, drogue, médicaments, jeux…) sont autant d'agressions néfastes à son bon fonctionnement.

ATTENTION AUX MAUVAISES ASSOCIATIONS ALIMENTAIRES !

Qu'on se le dise : l'association steak-frites est une hérésie alimentaire ! Concentrés de lipides saturés, ces deux éléments sont, à la longue, des ennemis de notre santé et font apparaître, notamment, des excès de cholestérol.

Mais loin de nous l'idée qu'il faut nous en passer, car le plaisir ne doit jamais être oublié ! L'idéal serait de ne pas en abuser et de nous en tenir à un par mois.

De même, évitons les fruits à la fin des repas et préférons les consommer deux heures avant ou deux heures après. Notre transit ne pourra qu'être favorisé par ce changement d'horaire, car ceux-ci rendent plus difficiles l'assimilation des aliments, entraînant au passage des risques de constipation.

Enfin, préférons boire en dehors des repas car, là aussi, gare à la gonflette !

S'écouter, écouter son corps ne sont pas des actes de faiblesse. »

Si nous prenons conscience du danger que nous faisons courir à notre organisme, il n'est pas si difficile de rectifier le tir : le retour à des aliments simples, bruts, moins raffinés, une activité physique régulière – ne serait-ce que la marche – peuvent aider à se sentir rapidement mieux dans son corps et à diminuer progressivement une consommation excessive de cigarettes ou d'alcool, par exemple.

Car le corps peut très vite nous « récompenser » de nos efforts, en nous laissant rapidement une sensation de mieux-être…

Attention, les filles, nous allons être claires d'entrée : s'écouter, écouter son corps ne sont pas des actes de faiblesse.

Si, aux yeux de pas mal de personnes, prendre soin de soi est une démarche négative, ne les écoutons pas et préférons penser que ce sont elles qui, peut-être, se trompent, et qui paieront cette certitude un jour…

Mangeons moins... et mangeons mieux !

Commençons tout d'abord par le plus facile : notre alimentation, qu'il va peut-être falloir plus ou moins changer, en fonction de notre mode de vie.

« Ton meilleur médicament, c'est ton alimentation », disait Hippocrate et, pour le coup, on ne peut que lui donner raison !

Modifions aussi le cadre de nos repas : terminé le plateau sur la table du salon, redécouvrons le plaisir d'apprécier ce que nous mangeons... »

PREMIÈRE PHASE | Le rééquilibrage : il va passer par le choix de ce que nous mettons dans nos assiettes.

Privilégions les produits non raffinés, suivons les saisons, mangeons moins mais mieux (en un mot, préférons la qualité à la quantité…).

Oui, mille fois oui à la viande rouge si nous adorons cela, mais une fois par semaine, et de bonne qualité, ce qui nous permettra, en outre, de retrouver le plaisir gustatif.

Réapprenons (ou apprenons !) à cuisiner, afin de limiter au maximum les plats préparés, remplis de conservateurs, de colorants, de sel, de sucre… bref, de tout ce qui n'est pas bon pour notre petit corps !

DEUXIÈME PHASE | Modifions aussi le cadre de nos repas : terminé le plateau sur la table du salon (ou alors de temps en temps), pensons à éteindre la télé lorsque nous dînons, redécouvrons le plaisir de parler, d'échanger, d'apprécier ce que nous mangeons…

Et surtout : mastiquons, pour laisser à notre cerveau le temps de nous envoyer le fameux signal de satiété, qui nous évitera tout grignotage inutile.

Bouger pour mieux dormir

Ensuite, remettons-nous à faire de l'exercice. En effet, notre corps est comme une maison. Il a besoin de s'ouvrir régulièrement pour mieux éliminer tous les éléments nocifs qu'il renferme.

CHASSER LES INSOMNIES… AVEC DU BONS SENS !

Pour bien (ou mieux) dormir, il faut d'abord analyser notre sommeil… et ses manques.

Avons-nous du mal à nous endormir ? Dans ce cas, essayons de lire avant d'éteindre la lumière, plutôt que de regarder la télé, vérifier nos mails ou, pire, jouer à un jeu vidéo (si, si, on en connaît !), et interdisons-nous le portable sur la table de nuit…

C'est bien connu, les écrans excitent et ne favorisent donc pas la détente nécessaire à l'endormissement.

De même, s'il est indispensable de bouger pour offrir à notre corps une « saine fatigue » propice à un sommeil réparateur, essayons de ne pas faire de sport après 20 heures, car notre organisme se remet en état d'éveil et n'est plus disposé à se détendre ensuite.

Privilégions les bains relaxants (pas trop chauds, toutefois), quelques gouttes d'essence de lavande sur notre oreiller et, d'une manière générale, le recours à la phytothérapie plutôt qu'à des somnifères.

Si l'insomnie survient en milieu de nuit, c'est souvent qu'un problème nous tracasse. Faisons tout alors pour y remédier et, là encore, cap sur les plantes en tisanes, en comprimés ou en gouttes pour limiter les réveils.

Enfin, n'oublions pas que le manque de sommeil fait magnifiquement le lit de la dépression…

Décider d'aller mieux peut parfois passer par un changement d'environnement et se révéler un choix déterminant dans notre accession au bien-être. »

Par quels moyens ? Le sport, en premier lieu…

Là encore, pas de panique, nous n'avons pas à devenir des championnes olympiques pour nous sentir mieux !

Non, simplement, prenons conscience que bouger doit redevenir un acte naturel et régulier si nous ne voulons pas que notre état général se dégrade et si nous désirons, au contraire, qu'il s'améliore.

Marche, stretching, natation, yoga, pas besoin de mettre son corps en état d'apoplexie pour lui faire du bien ! Il nous faut juste retrouver le goût de nous occuper de nous, encore une fois…

TROISIÈME PHASE | En troisième lieu, le sommeil : essentiel à notre équilibre, il est pourtant trop souvent négligé.

Plus d'un tiers d'entre nous ne dort pas suffisamment ou mal, et l'on n'a pas idée de la nocivité du manque de sommeil sur le fonctionnement de notre corps, comme de notre cerveau.

Nous devons impérativement respecter notre horloge biologique et nous y adapter… et non pas le contraire !

Si nous ne sommes pas du soir, ne nous forçons pas à veiller jusqu'à minuit « parce que ça fait mieux »… ou parce qu'on nous traite de vieille.

De même, si nous sommes des couche-tard, inutile de nous mettre au lit à 22 heures pour tourner comme une crêpe jusqu'à 1 heure du matin !

Là encore, sachons nous écouter !

Retournons à la source de nos addictions

D'une manière générale, essayons de nous éloigner ou de diminuer l'impact des facteurs nocifs à notre existence, comme le bruit, le stress ou la pollution.

Décider d'aller mieux peut parfois passer par un changement d'environnement.

Quitter notre maison ou notre appartement parce que nous n'y supportons plus le bruit de la rue, le manque de verdure ou la proximité de voisins insupportables peut se révéler un choix déterminant dans notre accession au bien-être.

De même, envisager de postuler ailleurs, pour enfin ne plus subir au quotidien les foudres d'un chef de service ou une cohabitation de plus en plus pénible avec un collègue de bureau, peut venir à bout des tracas qui entachent nos nuits ou se répercutent sur notre caractère, et donc notre santé.

Quant à nos éventuelles addictions (tabac, alcool, drogue, jeux…), prenons-les une fois pour toutes à bras-le-corps. Si nous sommes encore conscientes que celles-ci sont destructrices pour notre organisme, pour notre entourage et pour notre vie en général, c'est qu'il est encore temps de réagir.

Acceptons de nous faire aider, d'en parler et surtout, surtout : de retourner à la source du problème. Quand cette addiction a-t-elle commencé ? À la mort d'un proche ? Après une déception amoureuse ou une séparation ? Lors de la perte d'un emploi ? Quel est ce manque que nous pensons compenser par cette addiction ?

Il faudra accepter de regarder en soi et de s'assumer aux yeux des autres en tant qu'individu. »

Si nous parvenons à identifier l'origine de ce qui nous a fait plonger, il y a fort à parier que nous nous rendions compte que cet événement n'a pas été réglé dans notre tête…

Voilà pourquoi il sera nécessaire de se faire aider pour pouvoir tourner la page et se libérer du mal-être qui générait cette dépendance.

Pour tout cela, il faudra accepter de regarder en soi et de s'assumer aux yeux des autres en tant qu'individu… avec ses besoins, ses manques, ses forces et ses faiblesses.
Il faudra oser dire « stop » parce que nous ne nous y retrouvons plus.

Mais la clairvoyance que nous pourrons avoir alors vis-à-vis de notre vie ne pourra passer que par un facteur : accepter d'envisager une réflexion sur nous-mêmes, qu'il est indispensable de mener si nous voulons continuer d'avancer…

→ J'OSE DIRE TOUT HAUT QUE JE NE VAIS PAS BIEN ET, DU COUP, J'APPRENDS À DÉLÉGUER...

Qu'on se le dise une bonne fois pour toutes : s'avouer fatiguée ou moins en forme que d'habitude n'est pas un signe de faiblesse, pas plus que d'aller consulter un médecin.

De même, accepter de faire une pause canapé sans mauvaise conscience, ne pas s'obliger à combler chaque minute par une activité ne sont pas des aveux de paresse.

Accepter l'idée de ne rien faire ou de se faire soigner, cela peut être, au contraire, une preuve de courage…

Celui de se dire, et de dire aux autres, que l'on n'est pas capable de tenir sans arrêt un rythme effréné, que l'on a besoin d'un break… et qu'on l'assume !

NE NOUS VOILONS PAS LA FACE | Il existe dans nos vies mille raisons de ne pas aller bien… Chaque jour, nous sommes, en effet, agressées par la fatigue, le surmenage, le désarroi moral, ou confrontées à des problèmes conjugaux, familiaux, professionnels dont l'ampleur va (nous semble-t-il) croissant.

Ces facteurs peuvent provoquer en nous des angoisses… Nous sommes soumises physiquement, psychologiquement et émotionnellement à des épreuves contre lesquelles il faut sans cesse lutter.

Restons humbles : autant l'avouer sans honte, nous ne sommes pas de taille à venir à bout de tout ce qui nous malmène.

RÉPARTIR LES CHARGES FAMILIALES… OU COMMENT S'IMPOSER !

C'est décidé, ça ne peut plus continuer comme ça !

Sitôt notre sac à main posé, après une journée de travail (et une bonne heure de courses !), nous voilà déjà en train de nous agiter autour du lave-linge ou de hurler parce que le salon donne l'impression d'avoir été bombardé. Stop !

Une réunion familiale s'impose : non, nous ne sommes pas l'employée de maison et, comme tous les membres du foyer, nous sommes fatiguées de notre journée.

Annonçons d'entrée les choses qui fâchent : nous ne rangerons plus les jouets et, si cela n'est pas fait par ceux qui les utilisent, des sanctions tomberont. De même, nous ne ramasserons plus les chaussettes sales qui traînent ici et là : ne seront lavés que les vêtements se trouvant dans la panière qui leur est dédiée.

Chacun aura son tour d'aspirateur : aucune raison que nous nous réservions pour nous toute seule ce moment de pur bonheur !

Même chose pour les poubelles, le vidage du lave-vaisselle et autres réjouissances quotidiennes.

Montrons-nous déterminées et, surtout, tenons bon sur la durée… car les bonnes habitudes se perdent très vite !

TÉMOIGNAGE

« METTRE DES MOTS SUR LES MAUX »
— Marie

« Au fil de mes rencontres avec Chantal Duvault-Tavernier, grâce à une écoute en profondeur, à des questionnements pertinents, elle a su mettre des mots sur mes maux.

Elle a compris que ce mal remontait à une enfance éprouvante et elle a su faire ressortir tout le traumatisme que j'avais enfoui au fond de moi depuis plus de quarante ans et qui me rongeait.

Aujourd'hui, sans son aide, je ne profiterais sans doute pas de chaque bon moment que m'apporte la vie. J'ai pu sortir du mauvais conditionnement dans lequel j'ai grandi, et mon corps est plus détendu.

Dans un langage simple et clair, Chantal a répondu à des questions fondamentales. Elle m'a apporté les clés pour guérir, pour reprendre goût à la vie, pour m'aimer et – le plus dur pour moi – pour pardonner. »

Alors, puisque la vie va continuer à nous offrir son flot quotidien d'agressions et que nous ne pouvons rien contre cela, interrogeons-nous sur la manière dont nous pouvons percevoir tous ces facteurs de façon différente, afin qu'ils nous atteignent moins, voire… plus du tout !

Attention, ne nous confions pas pour autant à la première personne venue… ”

Parler pour se libérer…

Comment est-il possible de prendre quelque distance avec ce qui nous gangrène chaque jour ?

Tout d'abord en acceptant d'en parler ouvertement. On ne louera jamais assez le pouvoir bénéfique de la parole libératrice.

D'une part parce qu'en dévoilant ce qui nous contrarie depuis des semaines ou parfois des mois, nous l'extériorisons de notre mental et de notre corps.

D'autre part parce que l'oreille extérieure, celle d'un ami, d'un parent, d'un collègue, nous éclairera sur un point que nous avions peut-être négligé ou même pas du tout envisagé. Oui, acceptons que la solution à nos problèmes, ou du moins leur diminution, puisse venir de l'extérieur.

Attention, ne nous confions pas pour autant à la première personne venue : il faut impérativement que celle-ci soit ouverte à l'écoute, positive et puisse être donc de bon conseil.

OK, en ce moment, nous n'allons pas bien pour telle ou telle raison : acceptons d'envisager le fait que ça n'est

> Faisons l'expérience de nous libérer à haute voix d'un souci qui nous mine et goûtons au délicieux bonheur de nous sentir allégées de ce poids... »

pas une honte de le dire tout haut ! Garder tout cela en nous ne peut être que néfaste à notre organisme, qui va devoir vivre avec ces magmas négatifs ancrés au plus profond de notre être.

La fameuse boule au ventre, on connaît toutes, non ? Eh bien, faisons l'expérience de nous libérer à haute voix d'un souci qui nous mine et goûtons au délicieux bonheur de nous sentir allégées de ce poids, lorsque nous aurons vidé notre sac !

Assumons !

Alors, les filles, plus de tabou.

Oui, je suis fatiguée et je vais me reposer, plutôt que de vous suivre dans ce week-end qui promet, déjà sur le papier, de nous éreinter.

Oui, je vais aller voir mon médecin, un thérapeute, bref quelqu'un qui va pouvoir m'aider à traverser cette baisse de régime, ce mauvais moment.

Oui, je vais laisser les enfants à leur père, aux grands-parents, à des amis, et je vais aller prendre du temps pour moi, en faisant quelques jours de thalasso…

EN RÉSUMÉ | Oui, je vais devenir un peu égoïste et penser à MOI ! Et soyons attentives à ne pas confondre « Je me repose » (= « Je dors ») avec « Je me pose » (= « Je me consacre un peu de temps »).

Quand nous aurons goûté aux délices de ces breaks salvateurs, organisons-nous pour que ces pauses « rien qu'à nous » ne soient plus exceptionnelles.

PETITS TRUCS POUR NOUS FAIRE OFFRIR UN MOMENT RIEN QU'À NOUS

C'est bientôt notre anniversaire ?

Prévenons les copains, la famille… qu'à notre petite fête, il y aura une cagnotte où tout le monde pourra glisser son enveloppe : ce sera pour la cure de thalasso dont nous rêvons depuis des lustres. Du coup, dans l'esprit de tous, ça y est : à nous les massages et les bains bouillonnants !

Pas de fête ? Aucun souci !

Prévenons notre mari, compagnon, chéri de ne pas se torturer avec une idée de cadeau : un soin en institut sera parfait.
Pour lui, double bonheur : pas besoin de se creuser la tête et, en plus, l'assurance de nous offrir un cadeau qui nous fera assurément plaisir.

Nous cherchons un moyen « légitime » d'avoir chaque semaine notre moment à nous ?

Inscrivons-nous à un cours de yoga, de zumba, de peinture, à une chorale… peu importe !
Nous avons droit à cette soupape de décompression hebdomadaire.

À nous de nous organiser en amont avec la famille, les amis, les voisins pour pouvoir profiter de ce moment sans culpabiliser.

Pourquoi vouloir à tout prix tout assumer toute seule ? Pour gagner le concours de la super-héroïne au bout du rouleau ? »

Décidons que chaque lundi, par exemple, nous retrouverons nos copines pour un ciné, un resto, une expo, et que le reste de la famille apprendra à se débrouiller sans nous (ce qu'ils font très bien d'ailleurs !)

Allégeons nos corvées, voyons comment nous pouvons chaque jour gagner un peu de temps, pour ne pas fonctionner comme des machines, sur un schéma métro-boulot-dodo.

À bas la super-héroïne !

Certes, le dieu Vishnou a quatre bras… tant mieux pour lui. Mais pas nous !

Pourquoi vouloir à tout prix tout assumer toute seule ? Pour gagner le concours de la super-héroïne au bout du rouleau ?

Redistribuer les tâches domestiques à l'ensemble de la famille, décider que les grands-parents peuvent assurer le cours de danse de la petite dernière ou l'entraînement de foot du mercredi, laisser de temps en temps nos chères têtes blondes aux voisins ou aux amis pour nous accorder un petit moment tranquille, évaluer le prix de quelques heures de ménage et voir si cela ne pourrait pas entrer dans notre budget sont des pistes faciles à envisager, pour pouvoir alléger un emploi du temps. Et, par la même occasion, alléger notre esprit !

Et soyons franches : si nous faisons tout et que cela nous pèse, peut-être est-ce un peu aussi notre faute… N'avons-nous pas instauré nous-mêmes ce système dont nous sommes prisonnières aujourd'hui ?

Nous ne laverons que ce qui se trouve dans le panier à linge ! »

Expliquons donc à notre cher et tendre comment le lave-linge se met en route ! Que cette bête infâme et bruyante au fond du placard de l'entrée n'est autre qu'un aspirateur et qu'il n'a pas à en avoir peur…

Faisons comprendre à nos enfants que nous ne laverons que ce qui se trouve dans le panier à linge et qu'il sera inutile d'aller réclamer son équipement de foot ou de cheval dix minutes avant de partir à l'entraînement si celui-ci est encore en état de putréfaction dans le sac de sport… Peut-être alors trouverons-nous déjà l'existence moins pénible !

« On a toujours le choix, on est même la somme de ses choix. »

— Joseph O'Connor

→ JE M'OFFRE DU TEMPS RIEN QUE POUR MOI

Mettons-nous cela bien en tête : nous ne sommes pas irremplaçables !

Une fois cette vérité digérée, une multitude d'opportunités s'offre à nous... Notamment celle de devenir un tout petit peu égocentriques et de nous offrir enfin un peu de temps rien que pour nous.
Un ciné, du shopping ou un resto entre copines, un soin dans un institut, un cours de yoga, un week-end de thalasso : rien de tel pour nous aérer la tête et rentrer à la maison détendue et pleine d'énergie retrouvée.
Quant à celles qui nous critiquent, qu'elles continuent : elles ne font en fait que nous envier !

Soyons un tout petit peu honnêtes avec nous-mêmes : si beaucoup d'entre nous ne prennent pas de temps pour elles, c'est uniquement par sentiment de culpabilité.

Aux yeux de beaucoup, s'occuper de soi est un acte purement égoïste. Résultat de notre éducation, de notre place de femme, d'épouse, de mère dans une société qui évolue, certes, mais en nous laissant, malgré tout, quelques clichés bien ancrés.

S'offrir du temps, c'est se respecter !

Et pourtant, comme il est nécessaire, sur de multiples plans, de s'offrir ces petites bulles de liberté !

Remettons tout d'abord les choses en place et recadrons-nous sur une idée essentielle : nous sommes sur terre pour le plaisir et non pour la souffrance. Bien sûr, cette notion d'esprit libéré et prêt à s'occuper de soi n'est envisageable que lorsque nous sommes dégagées

Respecter ce droit à être autre chose qu'une épouse, une mère, une femme qui travaille, pour redevenir tout simplement... nous-même ! »

de problèmes de santé ou matériels. Ensuite, tout est affaire de mesure et d'argent ; mais, si nous cherchons bien, nous pouvons toujours trouver le moyen de penser à nous à moindres frais.

En fait, s'offrir du temps, c'est tout simplement se respecter ! Respecter ce droit à être autre chose qu'une épouse, une mère, une femme qui travaille, pour redevenir tout simplement... nous-même, avec nos envies, nos besoins, que nous nous accordons enfin le droit d'écouter. Si les autres parviennent à le faire, pourquoi pas nous, après tout ?

Là encore, il ne s'agit pas de devenir des monstres d'égoïsme, qui ne penseraient qu'à leur petite personne et abandonneraient sans scrupules leur famille. Non, nous parlons juste d'équilibre...

Et puis, gardons toujours à l'esprit que tout le monde bénéficiera de cette démarche : nous qui serons d'humeur légère en rentrant et heureuses de retrouver notre chéri ou notre progéniture après ce moment d'oxygène ; et notre entourage, qui nous verra épanouies plutôt que renfrognées !

Cette idée est essentielle... Car nous ne pourrons pas donner aux autres si nous manquons nous-mêmes de ressources, et ces ressources passent par un épanouissement personnel absolument indispensable. Si nous sommes vides d'énergie, d'idées positives, comment pourrions-nous envisager d'être disponibles pour notre entourage ?

Une décompression indispensable pour notre cerveau

Cette notion de temps pris pour nous est également essentielle dans la gestion du stress. En nous octroyant ces moments « volés », nous reprenons conscience du présent.

Nous sommes là, ici et maintenant, et le temps d'un cours de gym, d'un film, d'un massage ou d'un dîner entre copines, nous déconnectons nos neurones des tracas de la journée et de ceux qui nous attendent demain.

Cette démarche est hautement bénéfique pour notre cerveau, qui trouve là un temps de repos, de « décompression » indispensable à son bon fonctionnement.

En fait, nous ne faisons rien d'autre qu'ouvrir une fenêtre pour aérer notre esprit, comme nous le faisons chaque matin pour aérer notre chambre.

Alors, imaginons notre chambre si nous n'ouvrions pas la fenêtre de l'année… Il en va exactement de même pour notre cerveau ! |

« Pour aller de l'avant,
il faut prendre du recul.
Car prendre du recul,
c'est prendre de l'élan. »

— MC Solaar – (« Le Bien, le mal »)

CHAPITRE 4

JE LÂCHE PRISE… ET ÇA MARCHE !

Bien souvent, nos peurs, nos ratés sont liés à un manque de confiance, parce que nous n'avons pas assez cru en nous, que n'avons pas su nous affirmer et que nous avons agi en fonction de l'« autre », quel qu'il soit : sœur, amie, mère, collègue de bureau, voisine, rivale de cœur.

Nous touchons là à l'une des étapes les plus délicates et difficiles de cette mutation que nous sommes en train d'opérer… mais on vous avait bien dit que ça ne serait pas de tout repos !

→ JE ME LIBÈRE DU REGARD DE L'AUTRE

Réussir à ne plus penser en fonction de ces personnes qui sont parvenues à régir nos actes, nos paroles, notre façon de vivre ou de nous habiller ne va pas être aisé, mais il est une certitude à ne pas oublier : si nous parvenons à nous affirmer, à assumer des choix qui nous sont réellement propres, à nous détacher de cet ou de ces « autre(s) », nous aurons gagné 90 % de la bataille…

Car nous aurons retrouvé le bien le plus précieux pour un épanouissement durable et réellement bénéfique, à savoir la confiance en soi.

SE DÉTACHER DU REGARD DE L'AUTRE ? TRÈS DUR… ET TRÈS LENT !

Décider de ne pas accorder le pouvoir à l'autre, se le réapproprier ne va pas être une mince affaire, tant cette idée de dévalorisation peut être ancrée en nous profondément, et depuis longtemps.

Décréter que l'on est désormais son propre maître passe par l'adoption d'un principe qu'il va falloir se repasser en boucle : on peut très bien écouter la pensée de l'autre, apprécier sa manière de vivre, de penser, de s'habiller, de s'entourer de choses, mais pas forcément les adopter au point de devenir son clone.

Clé essentielle de la démarche : pour retrouver cette confiance, il faut S'AIMER soi-même.
S'accorder de l'attention, du respect, de l'estime, accepter de se reconnaître des qualités sont en effet la base incontournable pour pouvoir commencer à se libérer du regard des autres.

Devenues des grandes filles, il nous faut trouver notre place, faire face aux reproches, aux critiques auxquels nous n'avons pas été habituées petites. ”

Alors, pourquoi donc certaines d'entre nous ne s'aiment pas – mais alors pas du tout ? Bien souvent, le problème remonte à une enfance où l'on a été dévalorisée, rabaissée, dépréciée, maltraitée verbalement, voire humiliée, par des parents, des proches, des enseignants qui parfois n'avaient aucune estime pour eux-mêmes et transmettaient donc inconsciemment leur manque de confiance personnelle.

Trouver sa place…

Mais ce peut être le contraire ! Trop chouchoutées, portées aux nues par une mère couveuse, un entourage toujours en admiration devant le moindre de nos gestes, nous ne parvenons plus, une fois devenues adultes et le cordon coupé, à retrouver ce regard béat chez l'être aimé ou dans le cercle de nos relations.
Du coup, nous perdons nos « repères de certitude », ceux qui nous donnaient des ailes et faisaient de nous des enfants quasi invincibles, car adorés.

Devenues des grandes filles, il nous faut trouver notre place, faire face aux reproches, aux critiques auxquels nous n'avons pas été habituées petites. Et là, notre monde idéal s'écroule…

Torturées au plus profond de nous-mêmes, nous ne voyons plus que nos défauts. »

De ce fait, ne nous reconnaissant aucune valeur personnelle, nous nous tournons vers ceux ou (souvent !) celles dont nous avons l'impression que tout leur réussit ou qui, à nos yeux, forcent l'admiration de tous, dans des domaines où nous ne sommes pas « compétitives ».

D'où une soumission, un désir de leur ressembler que nous nous infligeons sans qu'ils ou elles en aient même conscience. En les laissant « déteindre » sur nous, nous pensons que nous serons enfin des êtres dignes d'intérêt aux yeux de ceux que nous aimons et dont nous cherchons le regard valorisant.

Bien évidemment, à la longue, à force de subir ce que l'autre est et de le comparer à ce que nous sommes, nous laissons la place à un mal dévastateur : la jalousie.

Car, reines de la confiance en nous ou pas, convenons-en, les filles : rien de pire en effet que de voir notre compagnon « fondre » devant les exploits de notre bonne copine ou notre mère se pâmer devant le talent de notre propre sœur…

Torturées au plus profond de nous-mêmes, nous ne voyons plus que nos défauts, nos « manques », nos défaillances, en résumé : tout ce que nous ne sommes pas et que l'autre est !

Et là, même injustifié, nous subissons toutes un mal-être réel… d'autant que le compagnon ou la chère maman en question préféreront souvent mourir plutôt que d'avouer l'infamie !

Erreur complète

Stop ! Nous sommes dans l'erreur complète. Le danger d'être sans arrêt soumis au regard de l'autre, ou d'agir en fonction de celui-ci, c'est de perdre notre identité, de devenir lui ou elle-même, d'adopter ses valeurs.

QUE FAIRE LORSQUE L'AUTRE DEVIENT INSUPPORTABLE À NOS YEUX ?

L'idéal serait de pouvoir laisser glisser…

Les tentatives de séduction répétées de notre bonne copine sur notre mari ? Pas grave, c'est plus fort qu'elle, elle a besoin que l'on s'intéresse à elle !

Notre gentille frangine qui ne cesse de montrer à nos parents combien elle a réussi sa carrière par rapport à nous ? Pas de sa faute, elle n'a jamais été bien dans sa peau !

La collègue qui ne perd pas une occasion de nous dénigrer auprès du chef de service ?

Sa vie n'est pas facile, elle est un peu aigrie…

Si ça se passe comme ça chez les Bisounours, nous savons toutes que rester zen devant de telles situations est impossible, surtout lorsque nous traversons une période d'incertitude.

Alors, attaquons le plan B : créons le buzz ! Attirons l'attention sur nous grâce à l'un de nos talents, changeons de coupe de cheveux, de boulot, devenons reine de la zumba, perdons 5 kilos… en un mot : inversons la vapeur !

Nous risquons surtout de faire des choix parfois cruciaux qui ne sont pas les nôtres, et pour de mauvaises raisons…

Nous ne devons pas nous définir en fonction de ce que les autres pensent de nous, mais en fonction de nos qualités, que nous devons apprendre à reconnaître, à cultiver, à mettre en valeur pour devenir un être à part entière face à ces « autres »… et réussir à susciter leur envie à eux de nous ressembler !

Nous ne devons pas nous définir en fonction de ce que les autres pensent de nous, mais en fonction de nos qualités, que nous devons apprendre à reconnaître, à cultiver, à mettre en valeur… ”

Forçons-nous une bonne fois pour toutes à imposer nos propres choix, à décider pour nous-mêmes, en fonction de nos goûts, de nos envies, de nos besoins et pas par rapport à ce que l'autre choisirait.

Il nous faut parvenir à accepter de nous singulariser, ce qui ne veut pas dire se mettre à l'écart mais, au contraire, inspirer à l'autre ce respect que nous convoitons tant.

Dès que nous aurons réussi à inverser la tendance, que nous aurons repris la main sur notre existence, à coup sûr nous ne lirons plus les mêmes choses dans le regard d'autrui. Car nous serons tout simplement passées de la dépendance à l'indépendance…

→ JE FAIS LA CHASSE AUX ÉMOTIONS CONFLICTUELLES

La colère, la jalousie, le stress, la frustration, la rancœur sont des sentiments négatifs tout prêts à attaquer notre organisme pour peu que nous les laissions s'installer en nous au point d'en faire un état permanent.
Si l'on prend conscience que ces émotions conflictuelles nous sont vraiment néfastes, il apparaît alors nécessaire de changer notre manière d'appréhender notre entourage et notre environnement…

Tout d'abord, comme nous l'avons vu précédemment, en perçant les abcès qui nous rongent, mais aussi, une fois soulagées d'avoir « vidé notre sac », en n'adoptant pas de nouveau une attitude similaire.

Réussir à chasser de notre esprit un sentiment ou une image négatifs pour nous concentrer sur une idée positive est un sport que nous devrons apprendre à pratiquer régulièrement.

À la longue, nous deviendrons des championnes du « droit devant » et des reines de la zénitude !

Imaginons un panier rempli de soucis, d'insomnies, d'amertume, d'irritabilité et, juste à côté, un autre panier où seraient lovés la paix intérieure, le bien-être, l'estime de soi… Lequel serions-nous tentées de saisir d'emblée ?
L'émotion négative n'est pas un choix : elle résulte de nos conditions de vie dans tous les domaines – familial, amoureux, amical et même professionnel.

Mais n'oublions surtout pas que nos émotions négatives et le stress, la tension, l'irritabilité qui en découlent sont tout à fait perceptibles par les personnes sensibles de notre entourage, qui vont immédiatement saisir de mauvaises ondes à notre approche… tout comme les animaux, d'ailleurs : si un chien va volontiers vers une personne joyeuse (car prête à jouer avec lui ou à lui donner des caresses, donc de l'amour), le chat, en revanche, est bien plus souvent au contact des êtres négatifs ou tendus : question de perception !

Alors, ne laissons pas notre entourage nous fuir parce que nous dégagerons de mauvaises ondes… Restons conscientes que, là encore, nous pouvons changer le cours des choses en les regardant en face.

ÉMOTIONS NÉGATIVES : UN VRAI JEU DES 7 FAMILLES !

Ne cherchons pas plus loin, notre mal-être trouve probablement sa source dans une (ou plusieurs !) des émotions qui suivent :

LA COLÈRE

C'est notre première réaction à l'injustice : celle d'être licenciée, d'être quittée, de voir partir des gens qu'on aime trop tôt, d'être malade ou accidentée…

Parmi toutes les émotions négatives, elle est la plus utile et a sans conteste sa raison d'être.

Elle nous aide à expulser notre désarroi face à une situation qui nous échappe et que nous ne désirions pas.

Comment s'en sortir ?
En se disant que, même nécessaire, elle ne doit pas pour autant se prolonger, au risque de nous rendre acariâtre. Une fois cette colère passée, nous devons retrouver un esprit de tolérance, d'ouverture, de résignation parfois devant le fait que nous ne pouvons plus changer certaines choses, comme la mort ou un licenciement.

À la colère doit succéder très vite la « remise en route », car nous devons impérativement aller de l'avant. La colère ne doit être qu'une étape…

La rancœur est une forme d'acidité… Eh oui, d'acidité !

Elle est comme un fiel pour notre organisme, une amertume teintée d'un soupçon de haine, pour celles d'entre nous qui ne parviendront pas à accepter une situation de fait.

Si nous sommes tout à fait honnêtes avec nous-même, nous ressentons cette acidité en nous : parfois physiquement (remontées acides) et, bien sûr, moralement, car notre esprit devient aigri…

Comment s'en sortir ?
En réussissant à accepter et à surmonter cette situation qui nous empoisonne et fait de nous des personnes envieuses du bonheur des autres ou amères quand nous nous sentons incomprises et que nous nous retrouvons seules à penser quelque chose contre tous les autres.

LA CULPABILITÉ

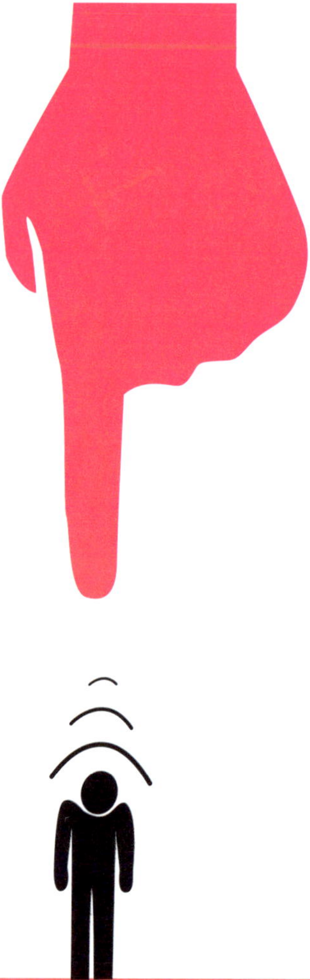

Elle peut nous ronger à petit feu une vie entière… Elle s'attaque à celles qui se croient investies d'une mission, qui possèdent des critères de perfection beaucoup trop élevés et sont déçues parce que rien n'est jamais comme elles le souhaiteraient.

Comment s'en sortir ?

Si nous sommes touchées par cette émotion, nous devons réapprendre l'humilité et nous dire qu'on ne peut être responsable de tout.

Essayons de retrouver un jugement sain, des pensées dynamisantes et de parvenir à nous pardonner puisque nous nous sentons coupables, de manière justifiée ou non.

Elle résulte d'un manque avéré de confiance en soi... De fait, le regard d'autrui étant omniprésent dans notre esprit, nous sommes en permanence en situation de comparaison vis-à-vis de l'autre.

D'où ce sentiment d'envie lorsque nous ne parvenons pas à posséder la même voiture ou la même maison que notre voisin, la silhouette ou les qualités professionnelles de notre collègue de bureau... et de menace lorsque nous ne nous sentons pas à la hauteur d'une autre femme qui occupe toute la place, capte les regards – et en particulier celui de notre compagnon !

Attention, cette émotion peut vite devenir un état, voire une névrose, et mener parfois jusqu'à la haine, d'où le caractère essentiel de la marche arrière....

Comment s'en sortir ?
Mettre la jalousie à distance passe impérativement par le retour de la confiance en soi, la compréhension de l'autre et l'acceptation de son fonctionnement, qui peut différer du nôtre.

Nous affirmer en tant qu'individu, assumer nos différences, notre personnalité, nos choix... Nous dire que nous sommes quelqu'un de bien, pas parce que nous ressemblons à l'autre, mais justement parce que nous assumons notre personnalité.
En parler aussi, en entrant dans leur jeu, à ceux-là mêmes qui nous font tant souffrir...

Elle résulte là encore de traumatismes du passé qui se sont imprimés en nous au point de créer un sentiment contre lequel il est difficile de se battre.

En analysant de plus près le phénomène, on peut y distinguer deux catégories : les peurs connues et les peurs inconnues.

Les peurs connues sont celles qui font suite à une expérience vécue (« J'ai peur de la moto parce que j'ai eu un accident »).

Elles peuvent nous poursuivre toute une vie, sauf si l'on entame une démarche pour se défaire de ce carcan (Technique de libération des émotions, psychanalyse, stage pour vaincre sa phobie de l'avion ou de l'eau, par exemple…).

Les peurs inconnues peuvent être le fruit de notre imagination : elles naissent de ce que nous avons pensé qu'il y aurait danger à faire quelque chose.

C'est le terrain favori des gens anxieux, qui se protègent en permanence de toute éventualité en n'affrontant pas une situation sous prétexte qu'elle les effraie.

Comment s'en sortir ?

Il va falloir passer nos peurs pour les dépasser…
Facile à dire, mais possible à faire et surtout nécessaire, car, connues ou inconnues, ces peurs ne nous apportent que stress et tension. Elles occasionnent en outre une dépense d'énergie énorme pour un résultat négatif.

La solution ?
Vivre ! Plus on accumulera d'expériences, plus on se rendra compte que tout n'est pas mortel ou dangereux. Ouvrons-nous au monde et acceptons de nous y confronter pour réaliser que celui-ci n'est finalement pas si hostile que ça…

Et n'oublions pas que la peur n'évite pas le danger !

LA FRUSTRATION

Elle trouve sa source dans le manque (d'une chose ou d'une personne). Et dans le fait que nous nous focalisions, parfois à vie, sur ce manque.

Dans ce creux, l'amertume, la rancœur, les regrets font leur nid, nous rendant négatives, amères, acariâtres et incapables de voir ce que nous avons, trop occupées à nous fixer sur ce que nous n'avons pas. Sans compter que la frustration nous rend égocentriques, car repliées en permanence sur notre manque mal vécu.

Comment s'en sortir ?
Acceptons de regarder vers ce que nous avons. Apprenons à nous satisfaire des moments heureux et à les identifier.

Et puis, surtout, analysons régulièrement notre manque : est-il encore d'actualité ?

Avons-nous toujours autant besoin ou envie de cet être ou de cette chose ?

Si nous connaissons toutes des personnes hyperactives qui ne savent pas s'arrêter une seconde, il est une catégorie de gens qui se situe dans l'extrême inverse.

Ces personnes n'ont généralement pas de projet… ni pour l'avenir en général ni pour le jour même en particulier !

Bien souvent rivées à leur télé, leur ordinateur ou leur console de jeux, elles ne sont pas ou plus dans l'action, dans la vie, remettent tout à demain et restent à distance de l'extérieur.

Ne sachant pas ce qu'elles veulent, elles n'avancent plus puisqu'elles n'ont pas de but…

Elles ont perdu le ressort qui les ferait agir positivement, tournent, virent en tous sens sans réaliser de choses concrètes. Elles sont généralement en état de déprime chronique, voire de dépression masquée.

Comment s'en sortir ?

En nous levant de notre canapé, en ouvrant les rideaux, les fenêtres, en sortant, en réapprenant ce que signifie « dehors », en bougeant, en marchant régulièrement, en respirant, en voyageant et en réfléchissant sérieusement à ce que nous voulons.

Ensuite, on atteint un premier but, on franchit une première étape… et on relance la machine progressivement.

→ J'APPRENDS LE DÉTACHEMENT

Prendre du recul face aux provocations, aux attitudes envahissantes de notre entourage et à toutes ces choses de la vie – graves comme insignifiantes – qui nous contrarient ne sera pas, là encore, une chose aisée.

Mais si, petit à petit, nous parvenons à injecter un peu de détachement dans notre regard sur tout ce et ceux qui nous empoisonnent ou qui bouleversent notre quotidien, le rapport de forces pourra s'inverser.

Plutôt que de renvoyer illico une flèche qui nous a été décochée, faisons-la passer par-dessus notre épaule comme si elle ne nous avait pas touchée.
Rien de pire, pour l'adversaire, que de manquer sa cible ou d'échouer dans sa volonté de nous atteindre, puisque nous ne serons pas entrées dans son jeu… et rien de meilleur pour notre esprit que de sortir vainqueur de ce genre de conflit.
Sur ce terrain aussi, la confiance en soi peut faire un grand pas en avant.

Les vrais… et les faux problèmes !

Gare à l'overdose ! Faire l'éponge est un mal insidieux qui peut nous être hautement préjudiciable.

Posons-nous juste quelques instants et regardons les choses en face.
D'une part, nous n'avons pas été missionnées pour porter sur nos épaules toutes les misères de la terre.
D'autre part, nous devons absolument hiérarchiser l'importance des choses pour ne pas mettre tout dans le même sac et traiter les événements, ou les personnes, d'une manière stéréotypée.

JE ME DISTANCIE DE LA MALADIE EN 4 PHASES

1 – Physiquement, je commence par prendre du recul, pour ne plus me positionner dans la réaction immédiate mais dans la réflexion, qui impose que l'on prenne de la hauteur par rapport à l'événement.

2 - De là, je revois mes priorités. On vient de m'annoncer que je suis malade. Jusque-là, je donnais tout pour mon travail... N'est-il pas temps de lever le pied de ce côté-là et de me recentrer sur moi-même et donc sur ma santé ?

De redécouvrir les joies de la famille que j'ai négligée, de retrouver ce qui, avant, faisait mon plaisir : les expos, la natation, le cinéma, la randonnée... ?

3 – Je me donne une chance d'appliquer et de mettre en pratique cette vie avec de nouveaux repères, de nouvelles bases.

4 - La maladie est toujours là, mais elle n'est plus au centre de ma vie. J'ai appris à la tenir à distance, à ne pas me laisser envahir constamment par les questions qui se posent inévitablement.

J'ai d'autres centres d'intérêt qui font diversion dans mon esprit et, du coup, je joue plus d'égal et égal avec elle, elle ne me domine plus.

Oui, il existe des vrais, mais aussi (et surtout !) des faux problèmes. À nous d'être assez clairvoyantes pour les distinguer et apporter à chacun une réponse adaptée…

Avec les personnes potentiellement « envahissantes », tout sera affaire de valeurs – sous-entendu de nos propres valeurs.

COMMENT GARDER SON CALME FACE À UNE INSULTE ?

Avouons-le, on rêverait plutôt de renvoyer l'autre dans ses cordes et de lui asséner en prime quelques noms d'oiseaux, histoire de nous détendre !

Cependant, comme nous devenons progressivement des modèles de sagesse et de zénitude, mettons plutôt notre ego de côté, n'en faisons pas une histoire personnelle et regardons la situation sous un angle différent qui n'aura pas son pareil pour nous rendre aussi calme qu'un moine bouddhiste !

Lorsque quelqu'un nous insulte, disons-nous tout simplement que c'est une manière déguisée pour lui de s'insulter lui-même indirectement. Que nous ne sommes que son miroir et qu'en se regardant dans ce miroir, il lui assène des paroles tournées en fait contre lui, et pas forcément contre nous… Nous n'assurons en fait qu'un rôle de tampon dans le propre malaise de l'autre.

Vu comme ça, ça change tout, non ?

Quelqu'un monopolise la parole dans une soirée et ne parle que de ses problèmes, en ne laissant aucune chance aux autres d'en placer une ?

Prendre de la distance ne veut pas dire devenir un être au cœur de glace, hermétique à la douleur ou aux soucis des autres. ”

Si c'est exceptionnel, laissons couler en se disant que chacun a droit de vider son sac de temps en temps et que les amis sont aussi là pour ça.

Mais, si cette situation devient récurrente, que l'attention doit se porter systématiquement sur la même personne à chaque rencontre, essayons de lui faire comprendre qu'il ou qu'elle n'est pas seul(e) au monde, que les détails de sa vie n'intéressent pas forcément la terre entière et que l'on aimerait bien aussi pouvoir se faire une place dans la discussion !
En un mot, éloignons la personne du monologue et gardons en main les rênes de la soirée…

Attention, là encore, savoir prendre de la distance ne veut pas dire devenir un être au cœur de glace, hermétique à la douleur ou aux soucis des autres. Mais nous devons absolument comprendre qu'il faut nous préserver si nous voulons justement pouvoir garder une oreille attentive à l'ensemble de notre entourage. Car, vidées par l'énergie que les êtres en souffrance nous auront prise, nous ne serons rapidement plus aptes à nous rendre disponibles pour nos proches ou pour nous-mêmes le jour venu.

Prendre de la distance doit pouvoir s'appliquer à notre entourage comme aux événements. Lorsque certaines personnes « montent en pression », n'hésitons pas à nous

> Devant leur agressivité, laisson glisser les mots, ne relevons pas les provocations, passons à un autre sujet… ”

éloigner d'elles physiquement (ne dit-on pas « garder ses distances » ?) si nous les sentons « toxiques » et tout près à nous transmettre leurs mauvaises ondes de stress ou de colère.

Devant leur agressivité, laissons glisser les mots, ne relevons pas les provocations, passons à un autre sujet, pratiquons sans modération l'humour jovial qui détend les esprits, l'autodérision qui allège l'atmosphère…

Et ne cherchons pas systématiquement à avoir raison, sous peine de nous attirer les foudres de l'autre qui ne supportera pas d'avoir tort et n'aura, à ce moment précis, aucune capacité d'autocritique.

Préférons remettre une éventuelle discussion au lendemain, lorsque les esprits se seront apaisés et que le stress ambiant aura disparu. Avec les événements, prendre de la distance se révélera bien sûr plus difficile, car notre comportement ne suffira malheureusement pas à inverser le cours des choses.

Seule notre manière de gérer cette épreuve pourra nous préserver de l'effondrement. Face à un coup dur de la vie – deuil, séparation, accident ou même maladie –, essayons d'installer coûte que coûte une diversion, pour que l'événement négatif ne soit pas notre seul sujet de pensée et qu'il ne nous englue pas dans le néant.

Relativisons, réalisons qu'à côté de ce coup dur, nous avons peut-être dans notre environnement des choses positives sur lesquelles nous pouvons nous appuyer.

Ces moments éprouvants sont souvent une occasion de revoir nos valeurs, de compter nos amis, de découvrir la disponibilité, l'écoute de certaines personnes dont nous ne soupçonnions pas l'attachement qu'ils nous vouaient, de nous ouvrir tout simplement aux autres pour moins nous recroqueviller sur nous-mêmes et sur nos problèmes…

L'occasion aussi de découvrir que nous ne sommes pas seules à souffrir. |

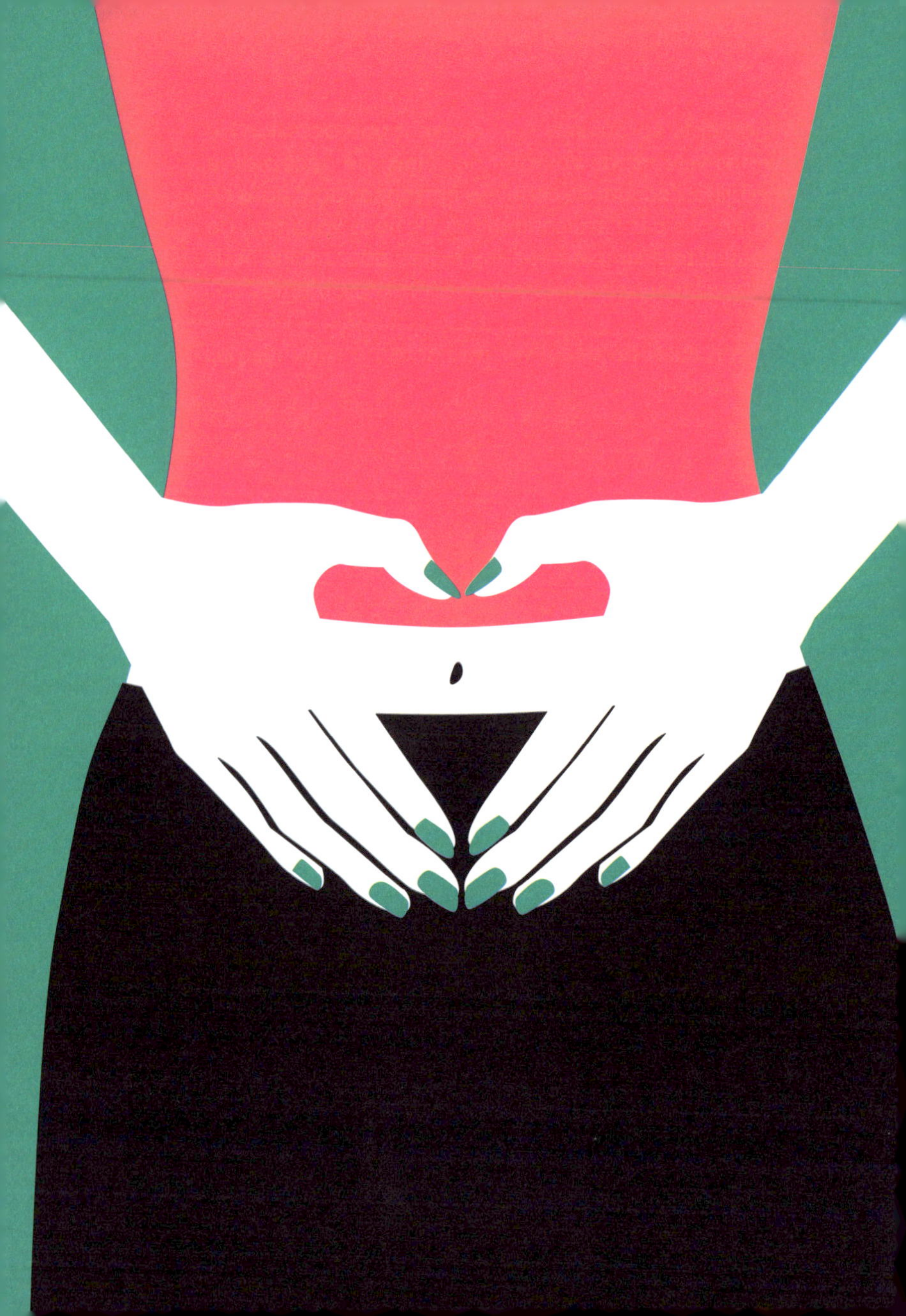

« J'ai décidé d'être heureux parce que c'est bon pour la santé. »

— Voltaire

CHAPITRE 5

JE VAIS MIEUX... ET J'AIME ÇA !

Posons-nous cinq minutes (nous savons le faire maintenant !) et dressons un rapide bilan de notre évolution...

Si nous avons réussi à mettre en application quelques grands principes et à les adopter au quotidien, théoriquement, les choses doivent avoir bougé. Nous ne sommes pas encore parfaites ? Nous l'avons déjà dit et redit : tant mieux !

Ce qui compte, c'est que nous sentions que l'élan pris depuis les premières pages commence à porter ses fruits. En résumé, qu'une petite musique qui ressemble fort à la paix intérieure commence à résonner en nous...

→ JE ME RÉJOUIS DE CE QUE JE DEVIENS ET DE CE QUE J'AI

Oui, faisons régulièrement le point de ce qui a déjà changé en nous, par exemple une fois par mois : la collègue de bureau revêche qui maintenant nous indiffère, l'amie qu'on a gentiment remise à sa place et qui, du coup, ne nous prend plus pour la bonne poire d'antan, les réflexions de notre voisine dont nous parvenons désormais à rire au point de la déstabiliser…

Même s'il y a encore quelques « ratés », nous sommes assurément sur la bonne voie, et il y a fort à parier que nos interlocuteurs s'en soient rendu compte au point de changer eux-mêmes leur comportement à notre égard.

De même, la distance que nous avons prise avec les choses nous permet maintenant de nous réjouir davantage de ce que nous avons, plutôt que de nous lamenter sur ce qui nous manque. Tout n'est pas encore gagné, mais nous apercevons le bout du tunnel !

Car franchement, les filles, à ce stade, certaines d'entre nous peuvent déjà faire le constat que les choses ont avancé, non ? Ne sommes-nous pas un peu plus détachées qu'avant des petits tracas dans lesquels s'engluait notre existence ? N'avons-nous pas repris conscience de notre « MOI » ?

Du fait que nous sommes une personne à part entière et pas seulement une épouse, une mère, une fille, une sœur ?

Avons-nous toujours le même regard, le même souci, les mêmes relations avec ce ou ceux qui empoisonnaient notre vie au quotidien voilà encore quelques semaines ?

REDÉFINIR SON HISTOIRE EN 4 ÉTAPES

Nous l'avons vu : le passé reste le passé, et nous ne pouvons plus rien y changer.

En revanche, soyons attentives à décider de notre présent et même de notre futur en redéfinissant régulièrement notre histoire, à plus forte raison dans cette période où nous remettons en question notre manière d'agir et de réagir.

1 – Prenons une feuille et posons-nous les bonnes questions : inscrivons ce que jusque-là nous avons rêvé de faire, d'être, en un mot… notre projet de vie.

2 – Lisons ce que nous avons inscrit et soyons totalement honnêtes avec nous-mêmes :
- Ce rêve n'a-t-il pas un peu « vieilli » ?
- Est-il toujours en adéquation avec notre vie actuelle ?
- Est-ce vraiment ce que nous souhaitons encore aujourd'hui, à l'« instant T » où nous lisons ces lignes ?

3 – Reprenons notre stylo et écrivons ce que nous souhaitons aujourd'hui même pour notre avenir : il y a fort à parier que nous ayons à rectifier le projet initial, voire qu'il ait disparu au profit d'un autre.

4 – Réjouissons-nous, nous venons de réactualiser notre histoire et de mettre à jour nos projets !

Apprenons à cultiver notre bonheur…

Nous voilà à un palier clé de notre méthode… celui où nous commençons à évaluer les progrès déjà réalisés, et ceux qui restent à faire !

L'important étant que tout ce qui a évolué dans notre comportement (notre regard sur les autres ou sur les événements, notre manière de les appréhender et d'y faire face) doit maintenant s'ancrer en nous comme une bonne vieille habitude.

À quoi tout ce travail aurait-il servi si cette évolution ne devait pas s'imprimer dans notre mental pour enfin servir à notre bien-être de chaque jour ?

Maintenant que nous avons retrouvé cette faculté de nous réjouir, il est temps d'apprendre à cultiver notre bonheur au quotidien, à réaliser qu'il est d'abord en nous, et pas à l'extérieur.

Réjouissons-nous des multiples petites choses positives qui croisent notre route chaque jour et faisons-en notre terreau. Cette attitude doit à la longue devenir un réflexe, au même titre que se brosser les dents ou arroser nos plantes vertes.

Le bonheur n'est pas d'avoir tout, mais avant tout d'aimer ce que l'on a.

Nous devons à tout prix nous recentrer sur nos vraies valeurs, oublier notre nombril, reconsidérer les autres et par là même savoir qui nous sommes et ce que nous voulons vraiment.

Grâce à cette démarche, nous ne perdrons plus notre temps ou notre énergie à poursuivre des rêves que peut-être, au fond, nous n'avons même plus. Car le cœur du problème, ce qui nous rattache encore au passé et nous empêche de ce fait d'être dans la vie reste l'enracinement à un projet ou à un souhait.

Soyons honnêtes avec nous-mêmes et, surtout, attentives à ne pas rester sur un projet dont le but ne nous intéresse finalement plus... »

Ce dont nous avions envie ou besoin voilà cinq ans, qui est devenu notre obsession quotidienne, notre leitmotiv (cet homme dont je reste amoureuse malgré le fait qu'il ne m'accorde aucune attention, cette grande maison dont je rêve depuis des lustres et que j'espère encore pouvoir acheter un jour alors que, dans deux ans, mes enfants ne vivront plus sous notre toit...), sommes-nous certaines de les vouloir encore autant, et pour les mêmes raisons ?

Soyons honnêtes avec nous-mêmes et, surtout, attentives à ne pas rester sur un projet dont le but ne nous intéresse finalement plus... Ce sera là pour nous une grande victoire.

Et puis franchement, les filles, vous ne trouvez pas que depuis quelque temps nous sommes mieux dans nos baskets ? Moins à cran, plus positives, plus zen... davantage plongées dans nos réussites que dans nos rancœurs ? Peut-être même que, pour certaines d'entre nous, quelques petites choses ont changé, comme ça, sans en avoir l'air. Deux ou trois kilos envolés, des nuits plus réparatrices, un moral plus solide, des personnes qui viennent plus facilement à nous...

Ne serions-nous pas en train de faire peau neuve ?

Revoyons notre vocabulaire...

Pour chacune d'entre nous, un mot, une phrase, une formule ont une signification précise, et nous envisageons parfois difficilement qu'ils puissent avoir un autre sens... Choisir d' « aller mieux toute seule comme une grande » entraîne aussi quelques remises en cause de nos définitions personnelles. Car, pour qu'un progrès puisse réellement s'opérer et que nos « travers » (qui ne sont bien souvent que nos propres excès, voire nos gros défauts !) s'atténuent petit à petit au bénéfice de notre bien-être, il nous revient de faire basculer progressivement nos certitudes d'une définition à l'autre. Certaines d'entre nous trouveront évidemment cette manière d'envisager différemment les choses d'un ennui total. Pas grave... Peut-être la vie les incitera-t-elle un jour à redéfinir leur mots clés.

« S'ÉCOUTER »

| Ne signifie pas forcément...

Se plaindre, être faible, ne pas montrer de courage face à une épreuve.

Mais peut vouloir dire...

Écouter les messages que mon corps m'envoie (fatigue, déprime, eczéma, mal de dos, etc.) et accepter de me faire aider pour aller mieux.

« VIVRE PLEINEMENT SA VIE »
| Ne signifie pas forcément...
Vivre tout le temps à fond, sans prendre le temps de regarder autour de moi et, du coup, ne rien apprécier. Ne me laisser aucun répit parce que je pense qu'aux yeux des autres (et parfois même aux miens !), c'est ça, le courage et la force.

Mais peut vouloir dire...
Apprécier au maximum les joies qu'elle m'apporte, savoir alterner l'action et la pause, pour justement être au cœur de cette vie. Être attentive, disponible, ouverte aux autres... prendre le temps d'être là pour eux et de savourer ce qui m'arrive en leur compagnie.

« ON N'A QU'UNE VIE »
| Ne signifie pas forcément... La brûler par les deux bouts, faire tout et surtout n'importe quoi, tirer le plus possible sur la ficelle en me disant que je suis plus forte que les autres, flirter sans cesse et dans tous les domaines avec le point de non-retour afin de me procurer des sensations...

Mais peut vouloir dire...
Justement, parce que je n'en ai qu'une, je la respecte et, par la même occasion, je ME respecte. Je savoure le plus possible les beaux moments qu'elle m'offre parce que je sais aussi que cette existence est fragile, qu'elle mérite que j'y fasse attention... Je ne me noie pas dans un tourbillon d'excès et je reste maître de cette vie unique.

« JE NE SUIS PAS BIEN EN CE MOMENT… »

| Ne signifie pas forcément… Qu'est-ce qui m'arrive et surtout quelle honte ! Je ne laisse rien voir de tout ça car montrer une faille, une faiblesse, je ne le supporte pas… J'ai toujours dit aux autres qu'il fallait qu'ils se bougent, pas question d'être comme eux…

Mais peut vouloir dire… Il est peut-être temps que je m'accorde une pause, histoire de me recadrer et de ne plus faire n'importe quoi, parce que mes excès sont mauvais pour moi, mais rejaillissent aussi sur mon entourage. Il faut que je sorte de la spirale dans laquelle je suis engluée et que je revienne à mes valeurs de base… ma santé, ma famille, ma joie de vivre. Ce que j'étais avant…

« PASSER UNE BONNE SOIRÉE »

| Ne signifie pas forcément… Me coucher tard par principe sous prétexte qu'une soirée réussie ne se termine jamais avant 4 ou 5 heures du matin, abuser de tout, être mal au réveil et mettre deux jours à m'en remettre.

Mais peut vouloir dire… Passer une soirée à rire, à parler, à échanger. Ne pas forcément me coucher au petit matin, mais rentrer chez moi en me rappelant les bons moments que nous venons de passer… parce que j'ai encore l'esprit en état de le faire !

« ÊTRE À L'ÉCOUTE »

| Ne signifie pas forcément… Demander « Comment ça va ? » à l'autre pour me donner bonne conscience sans écouter sa réponse, parce j'ai déjà en tête ce que je vais lui raconter sur moi.

Mais peut vouloir dire… Être réellement disponible pour quelqu'un qui aura besoin de parler, mais qui ne sollicitera pas forcément mon attention parce qu'il sera pudique ou gêné. En résumé, ne pas seulement écouter, mais savoir aussi être attentive pour deviner un mal-être.

« AVOIR DES AMIS »

| Ne signifie pas forcément… Avoir des amis qui m'écoutent en permanence, qui me laissent parler de moi et de mes problèmes des soirées entières…

Mais peut vouloir dire… Avoir des amis qui m'écoutent et que je sais aussi écouter, parce que la disponibilité, l'oreille attentive ne doivent pas être que d'un seul côté.

→ JE SAVOURE L'INSTANT PRÉSENT

Faisons de *Carpe diem* notre devise permanente, sachons nous arrêter sur un paysage magnifique, une soirée entre amis particulièrement réussie, un mets délicieux, un épisode touchant de notre vie que le suivant va balayer illico si l'on n'y prend pas garde.

APPRENONS À RESPIRER !

Autre notion incontournable • Le fait de respirer consciemment !

Prenons le temps d'écouter notre souffle, de le réguler…

Pour cela, inspirons profondément et expirons lentement plusieurs fois de suite pendant cinq petites minutes. C'est le principe de la cohérence cardiaque.

On s'approche là de la méditation, mais sans aller si loin, nous allons mesurer très rapidement les bienfaits de ce petit exercice à effectuer régulièrement deux ou trois fois par jour. Allez, on s'entend déjà : pas le temps, trop de choses à faire…

Stop ! Si nous le voulons vraiment, soyons honnêtes : nous pouvons trouver sans mal trois fois cinq minutes dans nos journées de femmes débordées.

À la clé, baisse du stress, esprit plus clair et renforcement de notre système immunitaire…

Ça vaut le coup d'essayer, non ?

Arrêtons la course quelques instants et sachons faire une pause de quelques secondes pour nous dire : « Ce moment-là me rend heureuse. »
Apprenons à nous nourrir de ces instants, à rechercher autant les petits que les grands bonheurs.

Mais comment vivre dans le présent ? En un mot : prendre le temps ! ”

Mais comment vivre dans le présent ? En mettant tout d'abord tous nos sens en éveil : écouter le chant d'un oiseau, sentir le parfum d'une fleur ou d'un sous-bois, admirer un paysage, une œuvre d'art ; savourer les délices d'un massage, goûter des épices pour voyager dans sa tête ou aiguiser son palais…

En un mot : prendre le temps !

Si nous parvenons à faire une pause ne serait-ce que quelques secondes pour nous régaler de ce qui éveille nos sens, alors nous avons déjà remis un pied dans le présent.

C'est souvent la grande gloire des femmes de dire qu'elles peuvent faire plusieurs choses à la fois. Mais essayons aussi, le plus souvent possible, de nous concentrer pleinement sur l'une d'entre elles.

C'est sûr, emplir le lave-linge ou descendre les poubelles n'a rien de passionnant en soi et ne mérite certainement pas qu'on se concentre sur l'action en elle-même. Mais durant ces moments qu'il faut bien assurer, ne laissons pas notre esprit nous envahir avec le rapport à rendre le lendemain matin au bureau ou la liste des courses à prévoir pour la fin de semaine : profitons justement de ces instants « palpitants » pour nous libérer l'esprit… et chantonner, par exemple !

Arrêtons le petit vélo !

Tout cela implique une fois encore de nous distancier du passé si nous avons tendance à y revenir trop souvent. Arrêtons, de grâce, ce petit vélo dans la tête qui peut nous amener au blocage mental.

Cet état passéiste ne fait que nourrir la rancune, le regret, le remords, la culpabilité et, à terme, peut faire le nid de la dépression. Car il est évident que, si l'on magnifie le passé (ce qui arrive à coup sûr si nous sommes toujours tournées vers hier), le présent ne peut apparaître que banal, sans intérêt, voire décevant. D'où l'intérêt de se repositionner consciemment dans le « maintenant ».

Même effet si nous ne pensons qu'au futur : nous nourrirons alors l'anxiété, l'insécurité et l'inquiétude, sources de stress et donc de mal-être, avec toujours le même souci au final… celui de trouver son présent bien terne comparé aux rêves que nous formons pour les jours ou les années à venir. Comme toujours, tout est affaire d'équilibre !

Rions !

Mais attention : encore une fois, vivre dans le présent ne veut pas dire oublier son passé ou ne pas faire de projets ! Il faut juste savoir doser. Nous devons absolument réserver une place de choix au moment que nous vivons pour conserver justement un esprit serein vis-à-vis d'hier et de demain.

Ne perdons jamais de vue que le présent est un passage charnière : c'est le moment où l'on récolte les fruits du

REPÉRONS LES MOMENTS À VIVRE PLEINEMENT POUR ÊTRE DANS LE PRÉSENT

Quel plus beau moyen de savourer le présent qu'un fou rire collectif ?

En effet, ce moment partagé dans l'hilarité nous donne l'impression de prolonger l'instant, de l'apprécier et l'inscrit durablement dans notre esprit.

De même, tous les moments d'émotion collective – les anniversaires surprises, les retrouvailles, les réconciliations, les mariages, les naissances et même les obsèques – sont des occasions de voler quelques heures au stress de notre quotidien, de nous poser tous ensemble pour imprimer un moment fort dans notre mental et constituer le terreau de notre bien-être.

passé et où l'on sème les graines pour demain. Il est donc impératif que nous vivions pleinement et en toute conscience cette étape essentielle.

Et puis, rions ! Ne laissons pas passer une seule journée sans nous amuser d'une situation, d'un moment cocasse ou d'une péripétie vécue par notre entourage ou par nous-mêmes.

Le rire nous aide en effet à nous ancrer dans le présent et n'a pas son pareil pour nous remettre les deux pieds dans la terre en nous replaçant au cœur de la vie.

→ JE PASSE À LA COULEUR

Regardons autour de nous : le contenu de notre armoire, la déco de notre salon… si nous y trouvons plus de 50 % de gris, de noir, de marron foncé, de vert tilleul, stop ! Passons d'urgence à la couleur.

Puisque nous avons décidé de voir la vie différemment, voyons-la aussi en Technicolor. Faisons entrer le rouge, l'orange, le rose dans nos vêtements, changeons nos rideaux, nos coussins, redonnons une note tonique à notre environnement.

EN RÉSUMÉ | Insufflons de la couleur à notre vie. Les matins seront plus stimulants et les soirées d'hiver plus gaies. Nous sommes en train de changer, faisons-le savoir à notre entourage !

Nous avons tous besoin des couleurs, de leur symbolique, de leurs effets sur notre environnement et donc sur nous.

Sur terre comme dans notre spiritualité, les couleurs ont une large influence sur notre moral car elles possèdent des longueurs d'ondes, positives ou négatives.

Reflet de notre état d'esprit

La couleur, c'est d'abord le vêtement que nous choisissons de porter dès le matin. En ouvrant notre armoire, nous pouvons d'ailleurs voir au premier regard la ou les couleurs qui dominent…

Et on ne dit pas pour rien : « Je vais leur annoncer la couleur. » C'est bien la preuve que celle-ci donnera le ton d'une journée, d'une conversation, d'une nouvelle à donner.

La couleur, c'est aussi celle qui sera présente dans notre maison et qui exprimera la joie de vivre ou la tristesse qui y règne.

Voilà pourquoi, même choisie inconsciemment, une couleur peut aussi nous trahir. ”

Elle est le reflet de notre état d'esprit, du jour ou du moment... On l'adopte rarement au hasard, voilà pourquoi, même choisie inconsciemment, une couleur peut aussi nous trahir. Voici ce qu'elles veulent dire :

« La joie de vivre est une émotion contagieuse. »

— D. Wynot

LE BLANC

Symbolique de la lumière, de la pureté, de la chasteté, de la naissance, cette couleur isole des autres, et en tout cas n'incite pas au rapprochement. Elle nous rend presque « intouchable »...

Le blanc crée un halo autour de nous. Il n'a pas son pareil pour magnifier le bronzage, contrastant avec les autres couleurs qui ne peuvent être que plus foncées.
Dans la maison, le blanc trop systématique et envahissant (aux murs, par exemple) est le reflet d'un manque de personnalité, d'un sentiment d'inachevé, le signe d'un être de passage, peu investi dans la vie menée sous ce toit.

LE BLEU

Couleur froide par excellence, elle dispose d'une telle gamme de nuances qu'elle en devient presque universelle. C'est une teinte qui calme, qui apaise… En matière vestimentaire, du bleu layette au marine en passant par le bleu canard ou le bleu Klein, chacune peut trouver « son » bleu. Couleur prédisposée des chambres ou des salles de bain, elle est dans ses nuances de turquoise ou de pastel synonyme de maison de vacances.

LE VERT

Symbole de la nature, le vert est une teinte parfois mal aimée. En effet, on ne peut pas dire qu'il figure dans le nuancier de base de la déco ou de la mode. Pas vraiment couleur froide puisqu'il contient du jaune, il est néanmoins parfois « plombant », dans la maison comme sur soi. Même si le kaki a souvent sa place dans les garde-robes d'hiver, il risque vite de nous donner mauvaise mine. Et pourtant, mêlé à des couleurs vives, le vert donne un sentiment de paix, de fraîcheur (pour ses nuances les plus claires, bien entendu).

LE ROUGE

Il symbolise l'amour, le sang, la vie, le feu, la chaleur, mais attention aux excès ! C'est une couleur envahissante et rapidement synonyme de colère (ne dit-on pas « voir rouge » ?) si l'on en abuse. Mais elle n'a pas sa pareille pour redonner énergie et bonne mine. C'est également, pour nous les filles, une couleur de séduction… si on ne se laisse pas aller au « total look », bien évidemment ! À utiliser donc par petites touches, mais à ne jamais négliger. Même chose dans la maison, où on fera appel au rouge avec parcimonie, et surtout pas dans une chambre, car il empêche l'apaisement.

LE ROSE

C'est la couleur de la tendresse, de la douceur… la couleur du cœur. Elle nous ramène elle aussi à l'enfance, à l'insouciance. En matière vestimentaire, elle traduit le bien-être (on porte rarement du rose lorsqu'on déprime !). Au sein de la maison, en revanche, méfiance ! En dehors des chambres de petites filles, cette couleur doit être utilisée par touches plus ou moins importantes (coussins, lampe ou canapé), mais jamais comme thème principal d'une pièce, car trop envahissant.

LE GRIS

Le gris est une couleur intermédiaire correspondant à un état d'esprit bien particulier. Nous ne sommes plus dans le côté négatif du noir, mais nous n'osons pas encore la couleur. Alors, nous jouons selon nos humeurs sur une palette de gris infinie, du gris perle à l'anthracite, en passant par le gris orage. Couleur de la finesse, de la subtilité, de l'élégance, il n'a pas son pareil pour redonner de la personnalité à un intérieur. Attention, toutefois, de ne pas l'employer seul, car la grise mine nous guette !

LE NOIR

Dans notre culture, cette couleur est avant tout liée au deuil, mais, associée au blanc, elle devient classique, élégante. Les ados s'habillent souvent en noir, pour une raison bien précise : se fondre dans la masse à une période où timides, empruntés, ils se cherchent une identité. Dans la maison, le noir doit être employé avec beaucoup de prudence. Signe de modernisme, couleur contemporaine, il ne doit intervenir que par petites touches, sous peine de rendre un intérieur triste et bien sévère.

LE JAUNE ET L'ORANGE

Ce sont les couleurs de la joie, de la créativité, de la plénitude... Les robes des moines bouddhistes ne sont pas orange pour rien ! Dans le domaine vestimentaire, ces couleurs nous ramènent à l'enfance et à son insouciance, mais aussi à l'audace et à une volonté de nous démarquer. Dans la maison, elles apportent le soleil, la lumière, la chaleur, le rayonnement. Elles peuvent être utilisées sans problème dans les chambres d'enfants.

LE MARRON ET LE BEIGE

Couleurs issues de la terre par excellence, elles nous ramènent à une notion temporelle. Rassurantes, car chaleureuses (à l'exception du beige clair), elles évoquent l'automne, la douceur, mais aussi le repli sur soi. À l'intérieur, elles apaisent les couleurs vives lorsqu'elles y sont associées.

→ JE FAIS DES PROJETS

Maintenant que nous n'avons plus continuellement les yeux rivés sur le rétroviseur et que nous essayons de profiter au maximum du moment présent, préparons tout de même un peu l'avenir, ne serait-ce que pour nous maintenir dans l'action et donc dans la vie.

Ayons toujours un (ou plusieurs !) rêve(s) en tête. Organiser, imaginer, réaliser un vœu que nous avons depuis des années (en nous demandant régulièrement bien sûr si nous le souhaitons toujours !) est en effet un excellent exercice pour le mental et se révèle comme le meilleur remède pour ne pas penser négatif et, donc, pour ne pas déprimer.

Du voyage à New York à la réunion de toute notre famille (vous savez, cette famille au complet qu'on ne voit que les jours d'enterrement !), en passant par la rénovation de notre maison ou le changement de job qu'on n'a pas encore eu le temps (ni peut-être le courage) d'aborder, lâchons-nous.
Arrêtons de dire « Il faudrait qu'on fasse… » et disons plutôt « Faisons ! ».
Trouvons en permanence des « moteurs » qui donnent un sens à notre vie, mais ayons aussi des rêves qui correspondent à nos moyens, pour ne pas sans cesse ressentir de la frustration.

Avoir plusieurs rêves en tête…

Les projets sont nécessaires à notre mental… ils sont même vitaux.
Beaucoup de gens n'ont aucun projet, et leur moral ne peut que s'en ressentir.

COMMENT FAIRE DES PROJETS ALORS QUE JE SUIS GRAVEMENT MALADE ?

On ne dira jamais assez combien un projet est nécessaire en période de maladie, lorsqu'on ne sait pas ce que sera demain.

L'avenir est incertain ? Inutile de nous voiler la face, nous le savons parfaitement. Continuons néanmoins à croire en demain, à nous projeter pour avancer et nous sentir vivantes.
Un projet permet de ne pas focaliser son esprit sur la maladie et, surtout, nous conforte dans l'idée que, demain, nous serons toujours là.

N'oublions pas que la maladie remplit tout l'espace de notre vie ; lorsque, par bonheur, elle disparaît – ou du moins régresse –, il est nécessaire que la réalisation d'un projet vienne combler le vide que va laisser son recul.

Avoir un projet dans une période d'épreuve permet en effet de ne pas laisser envahir tout son mental par la maladie, de la reléguer dans un coin au profit de pensées positives et de ne pas se voir réduit à l'état de malade.

Avoir un projet, c'est décider de notre vie, de ce que nous voulons, c'est continuer d'agir, d'être dans le mouvement… à condition de concrétiser celui-ci un jour, car le garder en permanence à l'état de projet peut se révéler un frein à notre action et, donc, être contre-productif.

D'où la nécessité d'avoir toujours plusieurs rêves en tête, car, une fois l'un réalisé, les autres prendront le relais et nous éviteront cette sensation de vide qui pourrait s'installer en nous…

Les abonnés aux « on verra » ne décident jamais de passer à l'action. ”

Les personnes qui n'ont pas de projet ne ressentent pas la vie, ne sont pas dans la vie, n'ont pas d'ambition.

Bien souvent, c'est la peur qui les empêche d'envisager une action future… Abonnés aux « on verra… », ils ne décident jamais de passer à l'action pour de bon et restent dans le vague.

L'idéal serait d'avoir en parallèle un projet à court terme, un autre à moyen terme et un dernier à long terme.
Le court terme pour l'action immédiate, qui permet de réaliser sans délai une envie ou un besoin (repeindre son salon, aménager son jardin, etc.).

Le moyen terme qui demandera un peu plus d'organisation, mais qui peut être envisagé relativement rapidement (un voyage, se remettre à étudier…).
Enfin le long terme pour retrouver le goût, la valeur de l'attente ou de l'envie dans une société où il nous faut tout, tout de suite (avoir un enfant, restaurer une maison, économiser pour un grand voyage).

Ces différences de délais sont importantes pour pouvoir hiérarchiser nos envies et, surtout, avoir en permanence en tête la notion du temps.

→ LE QUOTIDIEN CONTINUE DE ME METTRE À L'ÉPREUVE ? PEUT-ÊTRE... MAIS MAINTENANT, JE LE TIENS À DISTANCE !

Nous ne sommes pas loin du bout du chemin... Fortes de toutes ces recommandations pour définir différemment notre existence, il nous reste maintenant à oser les appliquer au quotidien et à en faire des principes de vie. Y aller pas à pas, sans brusquer son corps ni son esprit, par petites touches.
Et même si notre environnement reste certains jours hostile (nous avons juste travaillé sur nous-mêmes, pas sur notre entourage...), nous sommes aujourd'hui mieux éclairées pour le tenir à distance et pour ne plus le laisser nous atteindre comme auparavant.
Se réjouir, aimer, partager, écouter, se réconcilier, rire, se respecter, entreprendre, bouger, remercier, décider doivent désormais devenir les mots phares de notre dictionnaire personnel...

Attention, il n'est pas question à ce stade d'appliquer à la lettre chaque principe développé dans cet ouvrage... Ne devenons pas des « machines » du mieux-vivre, mais simplement des êtres qui ont trouvé çà et là des voies différentes pour ne plus sombrer devant les caprices de la vie.

Regardons autour de nous, faisons un bilan : demandons-nous juste si nous avons appris à mieux gérer certaines situations ou certaines personnes « toxiques » de notre entourage, à vivre différemment les conflits, les problèmes quotidiens, les soucis récurrents...

En résumé : avons-nous fait un pas en direction du mieux ?

« ON PEUT S'EN SORTIR »

— Lilie

« Si j'ai accepté de témoigner, c'est pour faire prendre conscience à toutes celles et ceux qui liront le livre de Chantal à quel point sa valeur n'a pas de mesure.

Elle m'a récupérée en lambeaux, physiquement, moralement, psychologiquement, après deux graves opérations (cancer du sein et tumeur bénigne au rein gauche) en 2001.

Je ne savais plus respirer, je ne savais plus ce qui avait de l'importance et ce qui n'en avait pas vraiment, je n'avais plus confiance en moi...

Ces opérations que j'avais refusées, car elles étaient injustes à mes yeux, m'avaient fait basculer dans le néant.

Grâce à elle, en éliminant le négatif, j'ai laissé de la place pour les vraies valeurs auxquelles il convient de s'attacher. Ce fut très difficile de lâcher prise, mais nous y sommes arrivées.

L'écoute de Chantal m'a sortie de l'ornière. En y ajoutant ma propre volonté de vaincre et de vivre retrouvée (puisque tel était mon choix), je prouve chaque jour à mon entourage et à moi-même que l'on peut s'en sortir. »

Devenons ambassadrices auprès des hommes !

Si nous avons choisi de délivrer ce message « de filles à filles », c'est parce que nous sommes intimement persuadées que la gent féminine est le meilleur vecteur de cet autre mode de pensée.

Mais, dans un même temps, ne perdons jamais de vue que nous sommes aussi les meilleures ambassadrices pour distiller cette méthode à notre entourage, quel qu'il soit.

En effet, n'oublions pas les hommes ! Une fois imprégnées de ces principes de base, n'hésitons pas à initier nos maris, compagnons, frères, copains, amis à ce bon sens universel qui peut aider chacun, quel que soit son sexe, à aborder différemment les aléas de l'existence pour qu'ils ne nous dévorent pas corps et âme…

Au travers de cet ouvrage, nous avons voulu vous faire réaliser qu'un travail sur soi-même n'est possible que lorsqu'on est encore conscient de son état.

On dit souvent qu'il faut toucher le fond pour pouvoir rebondir… Certes, mais gare ! Certaines d'entre nous seront tombées tellement bas dans leur mal-être qu'elles risquent de rester au fond. Voilà pourquoi il est nécessaire et même indispensable d'entreprendre ce travail sur soi-même avant d'avoir « basculé » de l'autre côté, là où la conscience de son état et de sa gravité n'est plus perceptible par nous-mêmes.

Alors que, si nous opérons ce changement de cap en toute lucidité, il sera possible, quel que soit le niveau du trouble, de revenir à des bases meilleures qui nous rendront la vie plus douce…

MISS BIEN-ÊTRE

> N'hésitons pas à nous féliciter nous-même d'une belle réussite comme d'un acte a priori banal. »

Cultivons les émotions positives qui font reculer le stress, qui aident notre énergie à circuler sans blocage et qui, de ce fait, nous rendent meilleures. Laissons le plus possible de côté la rancœur, la haine, la peur, la colère, la tristesse… Moins nous leur ménagerons de place dans notre esprit, plus elles régresseront d'elles-mêmes et plus nous ferons de place aux émotions inverses.

Félicitons-nous !

Croyons en nous, aimons-nous, regardons-nous avec bienveillance et cessons de nous focaliser sur les défauts que nous sommes parfois les seules à voir.
N'hésitons pas à nous féliciter nous-mêmes d'une belle réussite comme d'un acte a priori banal.

EN RÉSUMÉ | Soyons indulgentes avec nous-mêmes, ce qui ne veut pas dire « Ne nous reprochons plus rien », mais juste « Accordons-nous un peu de tolérance ». Chaque matin, regardons-nous dans le miroir et disons-nous : « Je m'aime bien ! » À force, notre image de nous changera et deviendra plus flatteuse. À partir de là, et à partir de là seulement, nous serons aptes à aimer les autres…

Voilà. Nous vous confions aujourd'hui les clés d'une vie que vous pouvez rendre plus sereine.

Regardez autour de vous : rien ni personne n'a changé, votre environnement est resté le même… mais peut-être votre regard sur tout cela a-t-il déjà évolué. Ce serait là notre plus grande victoire.

Notre souhait ? Que ce guide devienne votre compagnon de route. Qu'il passe de votre sac à main à votre table de nuit, de votre bibliothèque à la table du salon… Trimbalé, oublié, malmené, écorné, prêté, perdu, retrouvé, rangé, redécouvert, relu, comme un vieil ami qu'on a plaisir à savoir tout près de nous, mais pas forcément toujours sous nos yeux.

Il n'est jamais trop tard pour prendre sa vie en main… et pour la rendre meilleure. |

« On a deux vies.
La seconde commence
le jour où l'on réalise
qu'on en a juste une. »

— Confucius

TEST : QU'AVEZ-VOUS APPRIS DE CETTE MÉTHODE ?

1 – Votre voisin, votre chef de service, votre belle-mère continue de vous lancer des piques régulièrement…

a) Rien n'a changé, ces attaques continuent de m'atteindre

b) J'en bave encore un peu, mais j'ai quand même réussi une ou deux fois à en rire

c) Quel bonheur, j'ai l'impression que tout glisse, désormais !

2 – Ma confiance en moi a-t-elle changé ?

a) Toujours pas… Le regard des autres est encore très pesant

b) J'ai commencé à dire « non » quelquefois et même à imposer mon point de vue

c) Maintenant, je dis ce que je pense… et on m'écoute !

3 – Quel sentiment ai-je au sujet de mon image ?

a) Toujours le même, je ne supporte pas de me voir dans un miroir

b) J'ai changé de coupe de cheveux, ça m'a fait du bien… Du coup, j'ai envie de renouveler ma garde-robe

c) Je me suis vraiment reprise en main : je refais du sport, j'ai minci, depuis quelque temps, j'ai plaisir à me regarder de nouveau

4 – Mon caractère a-t-il changé ?

a) Pas vraiment, je pique toujours des colères ou bien je m'écroule en larmes au moindre problème

b) Je me suis surprise à gérer calmement une situation qui, d'ordinaire, m'aurait mise dans tous mes états

c) J'ai retrouvé ma joie de vivre, je ris beaucoup plus des mille petites contrariétés de la vie et mon entourage me l'a fait remarquer

5 – Ma relation aux autres a-t-elle changé ?

a) Je ne pense pas... J'ai toujours dans mon entourage des gens avec lesquels je suis en conflit

b) Ça commence : je vois moins les personnes négatives qui me plombaient le moral, j'organise plus de dîners à la maison, j'ai de nouveau le goût de recevoir du monde...

c) J'ai retrouvé une vraie vie sociale : je revois des amis que j'avais perdus de vue et, à chaque fois que nous nous voyons, c'est une fête

Majorité de A

Vous avez eu le choix de lâcher prise, mais avez-vous clairement suivi cette voie ou bien êtes-vous encore ancrée dans vos peurs et, surtout, vos certitudes ? Peut-être avez-vous peur de perdre votre identité alors qu'il n'était question que de la retrouver. À vous de décider si vous voulez retenter l'expérience… un jour. Dans ce cas, ce guide sera toujours d'actualité !

Majorité de B

Non seulement vous avez identifié vos problèmes, mais vous avez accepté de changer votre attitude et votre regard sur les choses pour les résoudre ! Certes, tout n'est pas encore intégré, mais les efforts sont là et les résultats aussi. Bravo, continuez !

Majorité de C

Sans le savoir, vous étiez prête à vous retrouver : vous n'aviez besoin que d'un petit coup de pouce ! Vous venez de gagner la liberté d'être vous-même. Vous avez maintenant les outils pour réagir et résister aux prochaines attaques de la vie… toute seule comme une grande !

« En te levant le matin,
rappelle-toi combien précieux
est le privilège de vivre,
de respirer, d'être heureux. »

— Marc Aurèle

Directeur : Pierre-Olivier Bonfillon
Directrice éditoriale : Françoise Kerlo
Responsable d'édition : Valérie Langrognet,
assistée d'Elise Marcantoni
Chefs de fabrication : Jérôme Brotons
et Anne-Kathrin Fischer.

Conception et Réalisation : Agence AllRight
Illustrations intérieures : Valérie Cœugniet
Illustration de couverture : Pénélope Bagieu

ISBN 978-2-8104-1518-2
Dépôt légal : septembre 2015
Diffusion Sodis
Impression : CAYFOSA - Impresia Ibérica (Espagne)

NOTES

NOTES

NOTES

NOTES

NOTES

NOTES

NOTES

NOTES

NOTES

NOTES

NOTES

NOTES

NOTES

NOTES

NOTES

NOTES

NOTES

NOTES

NOTES

NOTES

NOTES

NOTES

NOTES

NOTES

NOTES

NOTES

NOTES

NOTES

NOTES

NOTES

NOTES

NOTES

NOTES

NOTES

NOTES

NOTES

NOTES

NOTES

NOTES

NOTES

NOTES

NOTES

NOTES

NOTES

NOTES

NOTES

NOTES

NOTES

NOTES

NOTES

NOTES

NOTES

NOTES

NOTES

NOTES

NOTES

NOTES

NOTES

NOTES

NOTES

NOTES

NOTES

NOTES

NOTES

NOTES

NOTES

NOTES

NOTES

NOTES

NOTES

NOTES

NOTES

NOTES

NOTES

NOTES

NOTES

NOTES

NOTES

NOTES

NOTES

NOTES

NOTES

NOTES

NOTES

NOTES

NOTES

NOTES

NOTES

NOTES

NOTES

NOTES

NOTES

NOTES

NOTES

NOTES

NOTES

NOTES

NOTES

NOTES

NOTES

NOTES

NOTES

NOTES

NOTES

NOTES

NOTES

NOTES

NOTES

NOTES

NOTES

NOTES

NOTES

NOTES

NOTES

NOTES

NOTES

NOTES

NOTES

NOTES

NOTES

NOTES

NOTES

NOTES

NOTES

NOTES

NOTES

NOTES

NOTES

NOTES

NOTES

NOTES

NOTES

NOTES

NOTES

NOTES

NOTES

NOTES

NOTES

NOTES

NOTES

NOTES

NOTES

NOTES

NOTES

NOTES

NOTES

NOTES

NOTES

NOTES

NOTES

NOTES

NOTES

NOTES

NOTES

NOTES

NOTES

NOTES

NOTES

NOTES

NOTES

NOTES

NOTES

NOTES

NOTES

NOTES

NOTES

NOTES

NOTES

NOTES

NOTES

NOTES

NOTES

NOTES

NOTES

NOTES

NOTES

NOTES

NOTES

NOTES

NOTES

NOTES

NOTES

NOTES

NOTES

NOTES

NOTES

NOTES

NOTES

NOTES

NOTES

NOTES

NOTES

NOTES

NOTES

NOTES

NOTES

NOTES

NOTES

NOTES

NOTES

NOTES